Alexander Görlach

BRENNPUNKT HONGKONG

Warum sich in China die Zukunft
der freien Welt entscheidet

Hoffmann und Campe

1. Auflage 2020
Copyright © 2020
Hoffmann und Campe Verlag, Hamburg
www.hoffmann-und-campe.de
Umschlaggestaltung:
Lisa Busch © Hoffmann und Campe
Umschlagfoto: © Getty Images / Chris McGrath
Satz: Herr K | Jan Kermes, Leipzg
Druck und Bindung: GGP Media GmbH, Pößneck
ISBN 978-3-455-00968-2

Ein Unternehmen der
GANSKE VERLAGSGRUPPE

Für Andrew Liu,
dem ich die Zeit in Hongkong und Taiwan verdanke.

Inhaltsverzeichnis

Einleitung:
Hongkongs Kampf für Demokratie 9

Der Zustand der Demokratie in der Welt:
die autokratische Herausforderung 21

Xi Jinpings Vision:
Chinas Griff nach der Welt 43

China und der Rest:
Wie soll man sich in Deutschland, Europa
und den USA positionieren? 65

Taiwan und Hongkong:
im Dauerkonflikt mit China 83

   Zwei Länder, ein System:
   die Geschichte eines Fehlschlags 87

   Regenschirm und Sonnenblume:
   die Opposition gegen Xi Jinpings China 92

   2019: das Jahr der Eskalation 101

Hongkong und seine Bedeutung
für die freie Welt 107

   Die Genealogie der Proteste 113

   Internationale Unterstützung 120

   Die Wahlen 2020: eine Wasserscheide 127

   Hat Hongkong ein Recht
   auf Unabhängigkeit? 131

Ausblick und Prognose:
Am Geschick Hongkongs entscheidet sich
die Zukunft der freien Welt 137

Einleitung:
Hongkongs Kampf für Demokratie

Wer zum ersten Mal nach Hongkong kommt, dem bleibt vor Staunen der Mund offen stehen. Hunderte schlanke Hochhäuser ragen dicht an dicht in den Himmel. Sie heben und senken sich mit den Hügeln, auf denen sie errichtet sind. Manche der Wolkenkratzer sind von oben bis unten mit pastellfarbenen Streifen angestrichen, das soll gefällig sein fürs Auge und von der Enge ablenken, die typisch ist für Hongkong. Zwischen den Hochhäusern liegen schmale Innenhöfe, einige von ihnen sind mittlerweile weltberühmt, weil sich Menschen davor ablichten und die Fotos auf Instagram präsentieren. Wer das Foto schießt, muss in die Hocke gehen, um die gewaltigen, nach oben strebenden Betonmassen einzufangen. Man erkennt auf diesen Bildern, dass sich hinter den Fenstern nur sehr kleine Apartments befinden. Ihre Bewohner hängen die Wäsche an Gitter vor den Fenstern zum Trocknen auf, wie man es aus den engen Sträßchen des europäischen Südens kennt. Jeder Zentimeter zählt in Hongkong, einer der am dichtesten besiedelten Städte der Welt. Die Mieten sind entsprechend teuer, jede noch so kleine Fläche wird ausgebeutet.

Was man auf den Instagram-Fotos nicht sehen kann, ist das tropische Klima, das in Hongkong herrscht. Es legt einen nassen Dunst über die Stadt und auf die Haut.

Die Menschen ächzen unter der Schwüle. Nur klimatisierte Räume machen das Leben zwischen März und November erträglich. Hongkonger bewegen sich deshalb lieber nicht auf den Straßen, sondern zwei Stockwerke darüber: Sie wandeln durch klimatisierte Shoppingmalls, die es in jedem Haus gibt und die durch Brücken miteinander verbunden sind. Wer Hongkong besucht, sollte nicht auf Google Maps als Orientierungshilfe hoffen, sondern muss in einem langwierigen und bisweilen frustrierenden Prozess lernen und sich einprägen, welches Haus mit welchen anderen Häusern verbunden ist, um von A nach B zu gelangen. Die funktionalen Wandelgänge sind überdacht, sodass man auch bei tropischen Regenfällen trockenen Fußes durch die Stadt gehen kann. Hongkong ist eben anders als andere Städte.

Ich habe die Metropole zum ersten Mal im Spätsommer 2017 besucht, als Gastwissenschaftler an der City University of Hong Kong. Es war der erste Besuch von vielen in einem akademischen Jahr, während dem ich erforschen wollte, wie die Demokratien von Hongkong und Taiwan mit dem Aufstieg der autokratischen Volksrepublik China in ihrer unmittelbaren Nachbarschaft umgehen. Taiwan und Hongkong, so sollte ich in den folgenden Monaten lernen, sind sehr verschieden, was die Umstände ihrer Situation betrifft: Hongkong ist zwar ein Teil der Volksrepublik China, aber ausgestattet mit demokratischen Sonderrechten, und Taiwan funktioniert quasi unabhängig wie ein Nationalstaat mit einem eigenen Parlament und einer eigenen Regierung, mit einer eigenen Währung, einem eigenen Militär und eigenen Pässen. Peking freilich betrachtet die demokratische Inselrepublik als eine abtrünnige Provinz. Nachdem Xi Jinping im Jahr 2012 Generalsekretär der Kommunistischen Partei und im Jahr darauf Präsident der Volksrepublik China geworden ist, verschärfte er die Gangart seines Landes gegenüber den zwei benachbarten Demokratien so drastisch, dass die beiden mittlerweile untereinander mehr Gemeinsamkeiten teilen, als sie dies mit China tun.

In den akademischen Jahren vor meinem Besuch in Taiwan und Hongkong habe ich an der Harvard University im US-Bundesstaat Massachusetts zum Zustand der liberalen Demokratie und ihrer Zukunft gearbeitet. In der Regel sprechen wir ausschließlich über westliche Länder, wenn wir über Demokratie nachdenken. Dabei greifen wir viel zu kurz. Denn was wir heute »liberale Demokratie« nennen, gibt es nicht nur innerhalb der europäischen oder der atlantischen Welt. Taiwan, Südkorea und Japan sind ebenfalls Kinder einer demokratischen Entwicklung, die sich nach dem Ende des Zweiten Weltkriegs unter der Führung der Vereinigten Staaten von Amerika sowohl über den Atlantik als auch über den Pazifik Bahn brach.

Im Westen argumentieren manche, dass unsere heutige Form der Demokratie, die auf den Menschenrechten gründet, sich aus den Quellen des Christentums und der Aufklärung speise. Für jene, die so sprechen, scheint es zwischen unserer liberalen demokratischen Kultur und anderen Kulturen einen unüberbrückbaren Graben zu geben. Nur ein Tag in Hongkong oder in Taiwan belehrt jeden eines Besseren. Ob jemand bei minus 20 Grad im neuenglischen Cambridge bibbert oder bei plus 40 Grad auf Hongkongs Straßen schwitzt, ob etwas in lateinischen oder in chinesischen Schriftzeichen zu lesen ist, ob vor dem Hintergrund von Kirchtürmen oder von spargelschlanken Hochhäusern: Demokratie funktioniert überall auf der Welt.

Am Flughafen gewinnen Reisende einen ersten Eindruck von dem Ort, den sie besuchen. Der Hongkonger Flughafen gibt einen kleinen Ausblick auf das, was einen in der Stadt und darüber hinaus in ganz Ostasien erwartet: effiziente Prozesse, penible Hygienevorschriften und absolute Pünktlichkeit. Das bedeutet: Es gibt keine langen Schlangen bei der Einreise, jede Toilette ist sauber, und der Hochgeschwindigkeitszug in die Innenstadt fährt auf die Sekunde genau ab. Wer der Meinung ist, dass solche Akkuratesse nur in Nichtdemokratien möglich ist, weil Sauberkeit im öffentlichen Raum fast schon wie ein diktatorischer Einschnitt in die persönliche Entfaltung wirkt, dem sei versichert, dass schmutzige Bahnsteige und dreckige Toiletten keineswegs das unausweichliche Schicksal einer Demokratie sein müssen. Allein um mit eigenen Augen zu sehen und zu erleben, was für eine Auswirkung eine funktionierende Umwelt auf den Alltag haben kann, hat es sich schon gelohnt, die USA mit ihrer maroden Infrastruktur in Richtung Ostasien zu verlassen.

Jedes Mal, wenn ein Zug während meines Jahres in Hongkong und Taiwan pünktlich den Bahnhof verließ (also jedes Mal, wenn ich eine Reise antrat), dachte ich an Deutschland und seine Bahn, in deren Statistiken ein Zug noch als pünktlich geführt wird, wenn er weniger als sechs Minuten Verspätung hat. Dort, wo ich zu Gast war, würde man das nicht mit sich machen lassen. Im November 2017 kündigte ein führender Manager der japanischen Bahn nach einer öffentlichen Entschuldigung seinen Job, weil ein Zug in seiner Verantwortung 20 Sekunden zu früh abgefahren war! Kurz nach meiner Ankunft in Taiwan, im August 2017, trat der Energieminister des Landes zurück, weil ein Blackout den Norden der Insel für knapp vier Stunden vom Stromnetz trennte. In unseren Breiten gibt es eine solch konsequente Übernahme von Verantwortung nicht mehr. Hier gilt es umgekehrt schon als eine legitime Reaktion, gerade dann im Amt bleiben zu wollen, wenn man etwas verpatzt hat, um zu zeigen, dass man Verantwortung für seine Fehler übernimmt.

Aber Demokratien in Ostasien unterscheiden sich nicht nur durch Effizienz, Hygiene und Pünktlichkeit von denen des Westens. In dieser Weltregion, vor allem aber in Hongkong und Taiwan, besteht der Hauptunterschied darin, dass die Demokratien in unmittelbarer Nachbarschaft zur Volksrepublik China, einer kommunistischen Diktatur, bestehen müssen. Peking mischt sich heftig in die inneren Angelegenheiten der beiden ein, da die Nomenklatura und ihr Präsident, Xi Jinping, darauf beharren, dass Taiwan und Hongkong Teile Chinas seien.

Hongkong ist in der Tat ein Teil Chinas, aber durch die vertragliche Regelung »ein Land, zwei Systeme« wird die Finanzmetropole zu einer demokratischen Sonderzone mit eigener Gerichtsbarkeit, unabhängiger Presse und freier Wissenschaft. Und auch Taiwan und die Volksrepublik haben eine Vergangenheit miteinander, aber sie haben sich nach dem chinesischen Bürgerkrieg, der vor über 70 Jahren endete, maximal voneinander entfernt: Taiwan ist heute eine liberale Demokratie, die Volksrepublik ist es nicht. Beide Demokratien, Hongkong und Taiwan, haben deshalb, Zugverspätungen hin oder her, mit Deutschland und den USA mehr gemeinsam als mit China. Die Volksrepublik hat keinen Beleg dafür, dass Taiwan chinesisch ist, und was Hongkong betrifft, so bricht sie die vertraglich gegebenen Zusagen stets aufs Neue. An beiden Orten haben sich deshalb, vor allem angetrieben von Studierenden, Protestbewegungen gebildet, die sich gegen das Vorgehen Chinas wehren.

In Hongkong war die Erinnerung an die Massendemonstrationen von 2014, die als Regenschirmbewegung in die Geschichte eingingen, während meines Aufenthalts noch frisch. Damals wollte Peking seine Kandidaten für die Position des Chief Executive, dem politischen Führer Hongkongs, auf den Wahllisten der Stadt durchdrücken, was klar gegen die vertraglichen Abmachungen verstieß, die 1997 im Zuge der Rückgabe der britischen Kronkolonie an die Volksrepublik China getroffen wurden. Um sich gegen das von der Polizei eingesetzte Pfefferspray und Tränengas zu schützen, spannten die Demonstrierenden Schirme auf und gaben so der Bewegung ihren Namen.

Im selben Jahr geschah das Gleiche in Taiwan: Die regierende chinafreundliche Partei KMT wollte durch eine weitreichende wirtschaftliche Kooperation die Insel so eng an die Volksrepublik binden, dass es über kurz oder lang aufgrund der dadurch entstehenden wirtschaftlichen Abhängigkeit zu einer politischen Übernahme gekommen wäre. Das zumindest befürchteten die Studierenden, die das Parlament, den Legislativ-Yuan, in Taiwans Hauptstadt besetzten. Ihre Protestbewegung trägt den Namen der Sonnenblume. Sie war schon das Symbol der Demokratiebewegung vor etwas mehr als einem Vierteljahrhundert, als sich der Inselstaat friedlich von einer Diktatur zur Demokratie wandelte.

Der in Hongkong lehrende Politikwissenschaftler Brian Fong erklärt die Protestbewegungen, die in Hongkong und Taiwan als Reaktion auf Pekings übergriffiges Verhalten losgetreten wurden, mit seiner »Zentrum-Peripherie-Theorie«. Sie besagt, dass Fliehkräfte an der Peripherie entstehen, sobald das Zentrum gegenüber jener Peripherie härtere Töne anschlägt und so unter Druck setzt. Nach Brian Fong bedeutet das, dass Präsident Xi selbst verantwortlich ist für die Unabhängigkeitsbestrebungen, die an beiden Orten in Chinas Peripherie Bedeutung gewinnen. Gerade weil Hongkong und Taiwan verschieden gelagerte Fälle sind, die sich seit 2014 in dieselbe Richtung entwickeln, erscheint Fongs These plausibel. Hier verdichtet sich bereits jene Systemfrage, von der dieses Buch handelt: Worin besteht der hauptsächliche Unterschied zwischen einer freien, demokratischen Welt und einer unfreien, autokratischen? Es wird ersichtlich, dass sich die Menschen dort, wo sie die Wahl haben zwischen Demokratie und dem anderen Modell, für das unter anderem Präsident Xi steht, immer für die Demokratie entscheiden.

Im Sommer 2019 forderte die chinesische Führung die Hongkonger erneut heraus. Ein sogenanntes Auslieferungsgesetz sollte dazu dienen, die unabhängige Justiz, die Hongkong zugebilligt ist, auszuhebeln. Nach dem Gesetz müsste jeder an die Volksrepublik ausgeliefert werden, der von China benannt wird. Bis zu zwei Millionen Menschen demonstrierten über Monate gegen dieses Auslieferungsgesetz, das die von Pekings Gnaden regierende Chief Executive Carrie Lam durchsetzen sollte. Im Juli 2019 war auch ich, zum zweiten Mal seit dem Ende meines dortigen Forschungsaufenthalts, zurück in Hongkong. Obwohl nur eine kurze Zeit vergangen war, hatte sich die Stadt merklich verändert: Bleierne Schwere und Pessimismus bestimmten das Leben in der Stadt. Gleichzeitig lag eine »Wer, wenn nicht wir«-Dringlichkeit in der Luft, mit der sich die Demonstrierenden gegen jene Ohnmacht und Unterdrückung wehrten, in die Carrie Lam sie bugsieren sollte. Auf den Straßen standen sich die beiden Welten – die beiden Systeme – gegenüber: auf der einen Seite die Demonstranten und auf der anderen die Hongkonger Polizei und jene Schlägertrupps, von denen die Demonstranten behaupteten, sie seien von Peking gesteuert.

Der Ausbruch der Coronakrise hat diese Konfrontation nicht etwa verringert, sondern noch verschärft. In Hongkong mag es keine Demonstranten mehr geben, aber schon längst tobt der argumentative Streit darüber, ob eine Demokratie oder eine Autokratie besser in der Lage sei, eine Pandemie zu bekämpfen. Als chinesische Sicherheitskräfte die Stadt Wuhan am 23. Januar 2020 abriegelten und ihre Einwohner für zwei Monate in eine strenge Quarantäne befahlen, äußerten einige Stimmen, dass ein solches Vorgehen in Demokratien nicht möglich wäre. Doch bereits Ende März, als China begann, seine Ausgangssperren zu lockern, befand sich der Rest der Welt auch in Quarantäne und belegte damit eindrucksvoll, dass man Menschen nicht wegsperren muss, sondern sie mit guten Argumenten durchaus davon überzeugen kann, für ein hohes Gut – die Gesundheit der Mitmenschen – auf ihre anderen Freiheiten für eine bestimmte Zeit zu verzichten.

Ich schreibe dieses Buch, während ich in New York im Lockdown sitze. Seit meiner Rückkehr aus Hongkong und Taiwan arbeite ich als Senior Fellow am Carnegie Council for Ethics in International Affairs und forsche weiter an meinem Thema, der Zukunft der Demokratie. New York ist zum Epizentrum der Krise in den Vereinigten Staaten geworden, mit abertausenden Erkrankten und mindestens 16 000 Toten. Hier wurden noch spät Coronapartys gefeiert, trotz ausdrücklicher Aufforderung der Behörden, dass die Menschen sich sozial distanzieren sollten, um die exponentielle Ausbreitung des hoch ansteckenden Virus zu verhindern. Ähnliches wurde aus Berlin berichtet, wo ich noch eine knappe Dekade vor meinem Weggang in die USA gewohnt hatte. Solches Verhalten wäre in der Volksrepublik nicht toleriert worden, sagen Freunde des autokratischen Regierungsstils. Aber wer so einseitig denkt, sieht nicht, dass die Menschen in allen demokratischen Ländern die Vorgaben ihrer Regierungen akzeptierten und für mindestens zwei Monate in Quarantäne lebten. Für die Protestdemonstrationen in Deutschland, die ein Ende der Sicherheitsmaßnahmen fordern, haben 80 Prozent der Deutschen kein Verständnis.

Was bedeutet diese Entwicklung für den Kampf um Hongkong? Im September 2020 soll ein neuer Legislative Council, ein neues Parlament, gewählt werden. Bei den letzten Lokalwahlen im Herbst 2019 zum District Council haben alle chinafreundlichen Parteien verloren. 17 von 18 Distrikten gingen damals an demokratische Kräfte. In einem Bericht nach Peking, der an die Öffentlichkeit gelangte, versprach Carrie Lam, das Vertrauen der Bürger durch ein gutes Management der Coronakrise zurückgewinnen zu wollen. Es wird entscheidend sein, mit welchen Instrumenten sie das zu bewerkstelligen versuchen wird. Sollte sie auf Maßnahmen setzen, mit denen Demokratien ihre Bevölkerungen in der Krise zum Handeln bewegen, würde dies das demokratische Lager stärken. Wahrscheinlicher ist also, dass sie einen anderen Weg geht. In der Volksrepublik arbeiten die Parteistrategen bereits mit Hochdruck daran, Präsident Xi und seine Nomenklatura als diejenigen zu positionieren, die China mit starker Hand vom Coronavirus befreit haben. Sie schrecken nicht davor zurück, Fakten ganz bewusst zu manipulieren. Einem Geheimdienstbericht in den USA zufolge soll Peking die Welt über das wahre Ausmaß des Ausbruchs in China weitestgehend im Unklaren gelassen und mit falschen Zahlen operiert haben.

Der Grund, dieses Buch zu schreiben, ist in seinem Untertitel zusammengefasst: *Warum sich in China die Zukunft der freien Welt entscheidet.* In der gegenwärtigen Situation des Systemkonflikts zwischen freien Demokratien und unfreien Autokratien geschieht in der Peripherie der Volksrepublik Entscheidendes. Menschen gehen für die Demokratie auf die Straße und ermutigen damit auch Demokraten in anderen Ländern. Diese Inspiration wird, vor allem im Westen, dringend gebraucht, denn dort sehnen sich immer mehr Menschen nach starken Männern, nach populistischen *Strongmen*, die nicht lange fackeln.

Die Volksrepublik ihrerseits wird dem demokratischen Treiben in Hongkong und auf Taiwan nicht tatenlos zuschauen. Während der Proteste im Jahr 2019 herrschte Angst in der Finanzmetropole, die in der Sonderverwaltungszone stationierte chinesische Volksbefreiungsarmee könnte aus den Kasernen ausrücken und Hongkongs Sonderstatus beerdigen. Während meines Aufenthalts auf Taiwan im Herbst 2017 war bereits darüber diskutiert worden, ob die Volksrepublik in der Lage wäre, die Insel einzunehmen. Diese Diskussion wurde aufgrund einiger Provokationen Pekings in der Luft und zur See gegenüber dem Eiland losgetreten. Auf dem XIX. Parteitag der Kommunistischen Partei Chinas wenig später wurde Xi deutlich: Man werde keine Unabhängigkeit Taiwans akzeptieren und gegebenenfalls die Waffen sprechen lassen.

Seine Kriegsdrohung wurde in weiten Teilen der Welt, auch vom deutschen Außenminister Heiko Maas, kritisiert. Wenn es China gelänge, die Demokratie in Hongkong und im benachbarten Taiwan zu zerstören, dann hätte das eine enorme Strahlkraft für das autokratische Modell. Für uns Europäer, für uns Deutsche, ist es daher alles andere als unwichtig, was in der nächsten Zeit auf der anderen Seite der Welt geschehen wird. Mit Hongkong steht nicht etwa nur ein global wichtiger Finanz- und Handelsplatz zur Disposition. Vielmehr sind diejenigen, die demokratische Ideale hochhalten und Politik auf Basis der Menschenrechte verfolgen, miteinander verbunden: in beiden Teilen Amerikas, in Europa, in Asien. Die regelbasierte internationale Ordnung, die von Demokraten erbaut und von demokratischen Idealen inspiriert ist, braucht für ihren Fortbestand die Demokratie in Ostasien.

In Abwandlung des lateinischen Diktums *Ut Roma cadit, mundus cadit,* fällt Rom, dann fällt die ganze Welt, lässt sich sagen: Fällt Hongkong, dann fällt auch Taiwan. Wenn erst einmal diese beiden gefallen sind, dann wird auch unserer Freiheit die Totenglocke läuten.

Der Zustand der Demokratie in der Welt: die autokratische Herausforderung

Vor etwas mehr als einem Vierteljahrhundert machten zwei Bücher Furore, Francis Fukuyamas *Das Ende der Geschichte* und Samuel P. Huntingtons *Kampf der Kulturen*. Die Autoren, beide amerikanische Politikwissenschaftler, formulierten darin ihre Antwort auf einen unglaublich einschneidenden historischen Moment, den Untergang der Sowjetunion. Fukuyama sah eine neue Morgenröte anheben, ein demokratisches Zeitalter. Nach dem Ende des Kommunismus habe die Demokratie unter Beweis gestellt, die stärkere Kraft zu sein. Nun würden sich alle Länder Schritt für Schritt für diese Regierungsform entscheiden. Nachdem die alte Blockkonfrontation zerfallen sei, die bis dato die Weltgeschichte geprägt habe, zuletzt durch die Gegenstellung von Freiheit und Kommunismus, sei die Geschichte, die der Mensch nur in systematischen Auseinandersetzungen erfahren könne, zu einem Ende gekommen. Auch Huntington sah einen neuen Äon heraufziehen, den einer multipolaren Welt. Verschiedene Kulturkreise würden nun mit- und gegeneinander um die Vorherrschaft in der neuen Zeit wetteifern. Diese Kulturwelten bestünden jeweils aus einem Anführer und aus einer Vielzahl von Unterstützern. So würde die westliche Kulturwelt, zu der unter anderem

Europa, Kanada und Australien gehören, von den USA angeführt.

In den vergangenen drei Jahrzehnten haben wir uns angewöhnt, aufkommende Konflikte mithilfe einer der beiden Schablonen zu verstehen und zu deuten. Dass die Autoren mit ihren Gedanken nicht unrecht hatten, wird allein dadurch belegt, dass ihre Buchtitel inzwischen zu geflügelten Worten geworden sind, die wir verwenden, ohne dass wir dafür zwingend das betreffende Buch gelesen haben müssen.

Fukuyama und Huntington legen offen, dass der Systemkonflikt der entscheidende Treiber des Politischen ist. Das mag für manche banal klingen, aber der dieser Behauptung zugrunde liegende Zusammenhang ist es bei weitem nicht: Es geht den Menschen eben nicht *nur* um »Good Governance«, also darum, gut regiert zu werden. Dieses Streben haben auch Menschen in Nichtdemokratien. In Demokratien ist das Streben mehr, es ist ein Anspruch. Eine gute Regierung wollten auch die Völker der mittelalterlichen Christenheit, die es gelegentlich für sich in Anspruch nahmen, einem gesalbten Haupt die Gefolgschaft zu versagen. Der von Gottes Gnaden eingesetzte König verlor seine Legitimität, wenn er den Pflichten zum Schutze seiner Untertanen nicht gerecht wurde. Good Governance war auch schon in der Welt, lange bevor die Frontstellungen des 20. Jahrhunderts die Geschehnisse der Vergangenheit restlos überlagerten.

In einem Systemkonflikt geht es um Weltanschauung, um Überzeugung und Glauben, um normative Setzung. Fukuyama und Huntington beschreiben in diesem Sinne – und nebenbei bemerkt in bester Gesellschaft mit

Joachim von Fiore, Georg Wilhelm Friedrich Hegel, Karl Marx und Oswald Spengler – eine spekulative Abhandlung der Weltgeschichte. Sie sprechen nicht darüber, wie die Welt ist, sondern wie sie sein sollte. Eine Idealisierung, die aufgrund ihres Aufforderungscharakters große Wirkung auf die Realpolitik gehabt hat. Auf der Seite der Regierten beispielsweise sehen wir, in den vergangenen Jahren verstärkt, dass Bürgerinnen und Bürger bereit sind, für die Idee – manche würden sagen für die Utopie – einer Welt, wie sie sein sollte, auch Nachteile in Kauf zu nehmen, materielle und ideelle. So wurde vor dem Brexit immer wieder festgestellt, dass Befragte in Großbritannien den Ausstieg aus der Europäischen Union befürworteten, auch wenn es für sie persönlich einen ökonomischen Nachteil bedeuten würde. Das (falsche) Versprechen der Brexiteers – ein zu neuer Stärke gelangtes Großbritannien, das sich im Systemwettstreit mit der EU behaupten und zu neuer globaler Relevanz aufsteigen würde – elektrisierte die Menschen mehr als die laue Routine und abgeklärte Sprache eines europäischen Apparates, der durchaus in der Lage ist, Good Governance für die 550 Millionen Europäerinnen und Europäer abzugeben.

Dass dieser Systemkonflikt Mutter und Haupt aller politischen Klassifizierungen ist, zeigt die neue Frontstellung zwischen »liberaler« und »illiberaler« Demokratie. Ich werde gleich darauf zu sprechen kommen, dass es sich hierbei nicht um gleichberechtigte Antagonisten eines Gegensatzes handelt, sondern dass die Bezeichnung »illiberal« vielmehr bewusst von den Anhängern des Illiberalen eingesetzt wird. Damit führen sie ihre undemokratische Vorstellung als eine gleichberechtigte

Variante der Demokratie ein, was sie nicht ist. »Illiberal« soll einen Systemkonflikt der Marke »Wir gegen die« behaupten, der die Menschen fesselt und ihnen gleichzeitig Wert und Relevanz zuspricht. Man muss also konstatieren, dass Samuel Huntington eher recht hatte, weil die Eliminierung des Systemkonflikts, wie sie von Francis Fukuyama zugunsten einer Welt, die nur noch einen Zustand kennt, nämlich den der Demokratie, prophezeit wurde, meines Erachtens nicht mit der Wirklichkeit übereinstimmt. Gleichzeitig hatte Fukuyama aber recht, wenn er vermutete, dass die Demokratie sich nach dem Niedergang des Sowjetimperiums im Aufwind befinden würde. Und dass es sich so viele ihrer Widersacher bis auf den heutigen Tag zur Lebensaufgabe machen, sie zu bezwingen, belegt einmal mehr ihre Macht. Viel Feind', viel Ehr'!

Die Welt ist wieder zweigeteilt: in Demokratien und in Nichtdemokratien. Wir erleben heute exakt eine solche Entgegensetzung wie die, von der Fukuyama glaubte, dass sie überwunden würde. Huntington allerdings liegt falsch mit seiner Idee von sieben relevanten Kulturkreisen, die miteinander im Wettstreit liegen sollten. Das entspricht nicht der Welt, in der wir jeden Tag aufwachen. Sicher, es gibt Konflikte zwischen den USA und China, zwischen der EU und der Türkei, zwischen Japan und Korea. Aber all diese Spannungen lassen sich nur in dem größeren Kontext analysieren und verstehen, der die involvierten Parteien entweder dem Lager der Demokratie oder dem der Nichtdemokratie zuordnet.

Die Nichtdemokraten möchten es als einen lapidaren Unterschied erscheinen lassen, wenn sie sich mit dem Etikett »illiberal« versehen. Dabei verbergen sich unter dem neuen Begriff alte Bekannte, denen man lieber nicht begegnen möchte: die Diktatur, die Despotie, die Autokratie. Ganz anders verhält es sich im Lager der liberalen Demokratie: Man kann sich das attributive Adjektiv im Grunde sparen, denn jede Demokratie ist heute liberal. Aber wir sind in der Auseinandersetzung mit den Illiberalen mittlerweile gezwungen, das Adjektiv zu gebrauchen, um deutlich zu machen, auf welcher Seite wir stehen.

»Liberal« soll hier jene Ausprägung der Demokratie bezeichnen, in der wir heute leben. Was heißt das? Man kann den gesamten demokratischen Weg so verstehen: als Postulat einer Beteiligung aller am Politischen, das in der Theorie zwar schon in der Antike aufgestellt, aber in der Praxis bis in die jüngere Vergangenheit nicht eingelöst wurde. So errangen Frauen erst vor einem Jahrhundert das Wahlrecht. Chinesen wurde dieses Recht noch viel länger vorenthalten, genauso Afroamerikanern und anderen Minderheiten. Liberal ist also zum »neuen Normal« geworden und bezeichnet einen politischen Zustand, den die meisten von uns nicht mehr aufgeben wollen würden. Illiberal bedeutet im Umkehrschluss ein Modell, das seinen Anhängern beispielsweise verspricht, Frauen das Wahlrecht zu entziehen.

Als ein weiteres Kennzeichen des Illiberalen machen seine Propagandisten das Mehrheitsprinzip aus. Eine Demokratie sei nämlich nur dann eine, sagen sie, wenn die Mehrheit über die Minderheit herrscht. Wenn 95 Prozent der Bevölkerung heterosexuell sind, dann haben sich, nach ihrer Logik, die fünf Prozent Homosexuellen gefälligst hintanzustellen. Für diese Minderheit wird keine Politik gemacht, weil Politik nur etwas für eine Mehrheit sei.

Am Ende meinen sie mit illiberal eine homogene Gesellschaft, die sich durch gleiche »Rasse«, Sprache, Religion, Kultur, Sitte und Moral auszeichnen soll. Eine solche Gesellschaft gibt es nicht. Schon in der vordemokratischen Welt waren die Imperien ein Vielvölkergemisch, in dem unterschiedlich gesprochen und zu verschiedenen Göttern gebetet wurde. Und ob Habsburger oder Osmanen: Beide versuchten den Minderheiten in ihrem Reich eine gewisse Autonomie einzuräumen, die sich mit der Herrschaftsausübung der Zentralgewalt vertrug.

Eine konforme Identität, ein Wir, besteht dann am besten, wenn es die Anderen gibt, an denen sie sich abarbeiten kann (»Mia san mia!«). Je abstrakter diese Anderen sind, desto besser lassen sie sich im Systemkonflikt instrumentalisieren. Illiberale der Gegenwart haben unter anderem transsexuelle Menschen als ihre Lieblings-Anderen ausgemacht. Die Menschheit, sagen sie, bestehe aus Männern und Frauen. Sie seien die beiden Geschlechter und bewegten sich, die Disposition der Geschlechtsmerkmale belege dies, aufeinander zu. Die behauptete Binarität wird unter Umständen noch dem lieben Gott in die Schuhe geschoben, der die Welt so geschaffen habe. Sensibilität gegenüber Menschen, die sich nicht in dieses simple Weltbild einordnen lassen? Fehlanzeige.

Illiberale sind Autokraten. Ein Autokrat ist, definitionsgemäß, einer, der ohne Beschränkung Politik betreiben kann. Beschränkung meint hier, dass der Autokrat selbst der Gesetzgeber ist und weder von Gesetzen noch von einer Verfassung in seiner Herrschaftsausübung in die Schranken gewiesen werden kann. »Die Stände, das bin ich«, soll der Sonnenkönig Ludwig XIV. gesagt haben, der als absolutistischer Monarch gilt. In der landläufigen Übersetzung von »L'état, c'est moi« – »Der Staat bin ich« – kommt das pointierter zum Ausdruck. Ein Autokrat ist ein Absolutist. Der demokratische Verfassungsstaat ist der Gegenspieler der Autokratie. Dort bestimmen Gesetze die Abläufe und nicht der Wille einer Person. Darüber hinaus haben jede und jeder Einzelne für sich, als Bürgerin und Bürger, eine Rolle und eine Bedeutung, die von nichts anderem abhängt als von ihrer Staatsbürgerschaft, die sie normalerweise nicht ablegen können und die ihnen auch nicht entzogen werden darf. In einem so konstituierten regelbasierten Gemeinwesen gibt es kein Oben und kein Unten im Sinne einer Mehrheit, die alle Minderheiten unterdrückt und dominiert. Eine Bürgerin oder ein Bürger werden in einer Demokratie eben nicht nach bestimmten Kriterien wie Rasse, Geschlecht oder Religion klassifiziert und in eine Art Kastensystem gepfercht. Indem eine Bestimmung zwischen »wir« und »die« unterbunden ist, ist es auch nicht relevant, wer an der Spitze der Nahrungskette steht, da niemand mehr verspeist wird.

Der Krieg aller gegen alle, von dem der Staatstheoretiker und Philosoph Thomas Hobbes im *Leviathan* 1651 spricht, beschreibt jenen (idealisierten, modellhaften) Urzustand des Faustrechts, in dem der Stärkste die anderen dominiert. Dieser stete Kampf, so Hobbes, zermürbt die vielen und raubt dem Gemeinwesen sein Potenzial. Denn an einem Tag obsiege ich im Kampf, aber schon am nächsten bin ich damit beschäftigt, nicht von einem anderen überwältigt zu werden, und am dritten Tag wiederum unterwirft mich ein anderer. Am vierten Tag dann geht das Spiel von vorne los. Um Angst und

Unsicherheit zu überwinden, fordert Hobbes den Austritt aus diesem rauen und harten Naturzustand. Regeln und Gesetze orientieren sich an objektiveren Maßgaben als an der physischen Stärke, die es dem einen ermöglicht, sich über den anderen zu erheben. Der Mensch will nach Hobbes den Naturzustand allein schon deshalb überwinden, weil er niemals alle Situationen vorhersehen kann, in denen er als Gewinner oder als Verlierer vom Platz geht.

Der Autokrat muss sich deshalb eine bestimmte Gruppe in der Gesellschaft zur Komplizin machen. Jene, die er am ehesten für bereit hält, seiner binären Weltanschauung (»Wir gegen die«) zu folgen. Das müssen nicht immer diejenigen sein, denen es ökonomisch besonders schlecht geht, wie eine landläufige Vermutung nahelegt. Gerade bei dem bereits erwähnten Brexit-Votum beispielsweise hat sich gezeigt, dass sich Angehörige aller sozioökonomischen Schichten von der Rhetorik der Befürworter eines EU-Austritts haben begeistern lassen.

Autokratie ist der Rückfall in den Naturzustand, den Thomas Hobbes beschreibt. Nicht nur er, auch Jean-Jacques Rousseau und John Locke haben ihre Theorie einer guten und gerechten Gesellschaft auf dem Ausgang aus dem Naturzustand begründet. Das Faustrecht – das Recht des Stärkeren – generiert, so die Denker, Angst sowohl bei den Beherrschten als auch bei den Herrschern selbst, denn sie könnten ebenfalls von einem noch stärkeren Herrscher eines Nachbarreiches niedergerungen werden.

Bereits in der Antike hat man versucht, sich auf gewisse gemeinsame Grundsätze der Kriegsführung zu verständigen, um Schwächere vor Stärkeren zu schützen. Der Stärkere sollte die Schwäche seines Nachbarn nicht ohne Not ausnutzen dürfen und ihn überfallen, seine Ernte niederbrennen, Reichtümer rauben, Frauen verschleppen und Männer versklaven. Wer einer so in Bedrängnis geratenen Nation zu Hilfe eilt, sagt der heilige Augustinus, der tut ein gutes Werk. Der Krieg, den er gegen den Unterdrücker führt, wird dadurch ein »gerechter Krieg«.

Der römische Politiker und Redner Cicero pocht darauf, dass es Regeln geben muss, auch und gerade im Krieg, an die sich alle Parteien gebunden fühlen. Er spricht in *De officiis* von einem Band, das alle Glieder der Menschheitsfamilie miteinander verbinde. Unser natürlicher Empfindungsapparat sei so ausgestattet, dass er die Ebenbürtigkeit jedes Mitmenschen wahrnehmen könne und somit alles Entmenschlichende zu unterbleiben habe. Cicero setzt sich deshalb für ein strenges Folterverbot ein. Aber wir wissen, dass bis zum heutigen Tag gefoltert wird. Die Folter ist leider seit jeher ein erprobtes Mittel der Kriegsführung. Umso wichtiger ist es, uns zu vergegenwärtigen, dass wir mit Cicero einem der ersten Vertreter der Menschenrechte begegnen. Er macht deutlich, dass die Menschenrechte zu verbindlichen Regeln antreiben, die es einzuhalten gilt, um die Würde jedes Einzelnen zu schützen.

Unsere heutige Demokratie und die von den Demokratien in der Epoche seit dem Ende des Zweiten Weltkriegs miteinander aufgebaute Weltordnung verwirklichen Ciceros Postulat. Unsere Verfassungs- und Rechtsordnungen gründen auf der Anerkennung der Menschenrechte. Das Faustrecht, das Recht des Stärkeren, das Autokraten, die sich selbst gerne als Strongmen, als starke

Männer, feiern, zum Taktgeber des Politischen verklären möchten, ist darin nicht vorgesehen.

Ciceros Setzung ist keine religiöse. Das ist wichtig zu betonen, denn im Diskurs über den Ursprung der Menschenrechte wird auch darüber gesprochen und diskutiert, welche Rolle andere Quellen – unter anderem das Christentum – bei ihrer Festlegung gespielt hätten. Ich denke, es ist unstrittig, dass die christliche Anthropologie, die Lehre vom Menschen, bei der Ausformulierung des Menschenrechtsgedankens eine nicht unerhebliche Rolle gespielt hat.

Wie Ciceros wichtige Forderungen stammt auch der Grundsatz *pacta sunt servanda* aus der römischen Zeit: Verträge müssen eingehalten werden. Denn nur so kann Verlässlichkeit zwischen Menschen gestiftet und erhalten werden. Wenn wir heute von der regelbasierten internationalen Gemeinschaft sprechen, dann haben wir auch immer Cicero im Ohr: Wer einen Vertrag bricht, begeht ein Vergehen. Cicero geht sogar noch weiter, wenn er fordert, dass niemand seinen Feind belügen dürfe. Die Menschen schuldeten sich, schreibt er, selbst im schlimmsten aller Konflikte aufgrund des gemeinsamen Bandes, das sie qua ihres Menschseins verbindet, einen bestimmten Umgang, der durch nichts aufgehoben werden kann.

Der Friedensvertrag nach dem verheerenden Dreißigjährigen Krieg, während dessen sich die verfeindeten Parteien unerbittlich niedergemetzelt hatten, wurde ausdrücklich unter der Bedingung geschlossen, dass sich alle Parteien verpflichten, ihn nicht zu brechen. In der Eingangsformel des Friedensvertrages wird festgehalten, dass er geschlossen wird, als ob es Gott nicht gäbe: *Etsi deus non daretur*. Religion, so haben die Parteien eingesehen, war die Ursache für die Polarisierung, die zum Krieg geführt hatte. Sie kann also nicht das Heilmittel gegen die Krankheit des Krieges sein, den sie selbst verschuldet hat. Der Vertrag gilt als erste Errungenschaft des neuzeitlichen internationalen Rechts.

Für die »Wir-gegen-die-Anderen«-Mobilisierung, von der wir bereits als Kennzeichen autokratischer Politik gesprochen haben, funktionieren Religion und Nation als die zwei Schlüsseltreiber. Der Autokrat versichert dem Wir Zugehörigkeit und Identität, indem er immer wieder auf die gemeinsame Religion innerhalb seiner Nation hinweist. Daran hat sich bis heute nichts geändert: Xi Jinping predigt in der Volksrepublik China einen Kommunismus mit chinesischen Charakteristika. Damit begünstigt er die Han, Chinas größte Ethnie, neben der es 55 andere anerkannte Minderheiten gibt. Zu diesen Charakteristika gehört die Lehre des Konfuzius, die in einer der Kommunistischen Partei genehmen Fassung die Herrschaft der Partei mit den Mitteln des Kaiserreichs legitimieren soll. Auch der indische Premierminister Narendra Modi propagiert ein vollständig hinduistisches Indien und billigt damit unter anderem die Diskriminierung von rund 200 Millionen Muslimen, die in der größten Demokratie der Welt Tür an Tür mit Angehörigen anderer Religionen leben. Und in Ungarn hat Premierminister Viktor Orbán in der Coronakrise alle Macht an sich gerissen und damit die Verfassung endgültig ausgehebelt. Er sprach davor schon lange und ausgiebig darüber, dass Ungarn eine christliche Nation sei, die keine muslimischen Flüchtlinge aufnehmen und sich so der Islamisierung des Abendlands in den

Weg stellen werde. Ähnliches geschieht in Polen, auch dort wurde die Verfassung ausgehebelt. Die Brexit-Befürworter in Großbritannien spielten ebenfalls mit der Angst vor Einwanderung. Und in den USA kommt es seit der Amtseinführung von Donald Trump zu Hasskriminalität gegenüber Minderheiten wie Afroamerikanern und Lateinamerikanern oder zuletzt Ostasiaten, die der Präsident für die Coronakrise verantwortlich gemacht hat. Der »Anführer der freien Welt« beleidigt regelmäßig behinderte Menschen und hat im Sommer 2019 vier weiblichen Kongressabgeordneten zugerufen, sie sollten gefälligst dahin zurückgehen, wo sie hergekommen seien. Wohlgemerkt, alle vier Frauen – Alexandria Ocasio-Cortez, Ilhan Omar, Ayanna Pressley und Rashida Tlaib – sind US-Amerikanerinnen, aber Trump polemisierte mit seiner Einlassung gegen die Einwanderungsgeschichte ihrer Familien und sicherte sich somit Zuspruch bei seiner rassistischen und frauenfeindlichen Basis.

Für den demokratischen Nationalstaat ist es weder entscheidend, welches Geschlecht ein Mensch hat, ob er weiblich oder männlich ist, jung oder alt, christlich oder jüdisch, reich oder arm, gesund oder behindert, hetero- oder homosexuell, sondern einzig und allein, dass sie oder er Staatsbürger sind. Menschenwürde, Verfassungsordnung und Staatsbürgerschaft sind die Trinität der Demokratie, die heute von ihren Gegnern als liberal bezeichnet wird. Die Legitimation des Nationalstaats liegt einzig darin, dass er in der Lage ist, diese drei Grundsätze zu garantieren und zu verteidigen. Ein Staat, der diese seinen Bürgerinnen und Bürgern vorenthält, kann kein legitimer Staat sein. Der demokratische Nationalstaat hingegen, dem einige bereits die Totenmesse gelesen haben, ist der stärkste Teilnehmer auf dem Marktplatz des Politischen. Demokratische Nationalstaaten brauchen gegenüber anderen Demokratien kein »Wir gegen die Anderen«. In der Diplomatie werden demokratisch verbundene Nationen als *like-minded countries*, als Gleichgesinnte, bezeichnet. Man kann auch einfach sagen, dass sie Freunde sind. Hongkong, Taiwan, Südkorea, Japan, die Mongolei, Deutschland, Frankreich, die USA, Südafrika, Uruguay – all diese Länder sind durch gemeinsame Ideale miteinander verbunden. Jedes dieser Länder hat seine Geschichten, Kulturen, Sprachen, Küchen, die zusammen zu einer jeweils eigenen Identität gewachsen sind. Das Entscheidende aber ist, dass die klassischen Trennungsparameter Nation und Religion nicht als exklusiv betrachtet werden, sondern sich der demokratische Verfassungsstaat, ganz im Sinne seiner antiken Vordenker, über das Recht und seine Anerkennung definiert.

Die Europäische Union ist, in ihrer Idealform, genau das: Sie weitet die Souveränität ihrer Bürgerinnen und Bürger über die Grenzen der Herkunftsländer dieser Menschen aus. Die Brexit-Befürworter in Großbritannien, die behaupteten, dass die EU ihnen ihre Souveränität nähme, haben frech gelogen: Noch nie hatte eine Bürgerin, ein Bürger so viele Möglichkeiten wie in der Europäischen Union. Ein Engländer kann in Spanien leben und arbeiten, ein Italiener in Österreich und ein Franzose in Polen. Die Souveränität der Menschen, die als Bürger die Adressaten der Verfassung sind, hat sich durch diese länderübergreifende Einheit um ein Vielfaches vergrößert – und das im buchstäblichen Sinne.

Auch für Gäste gelten die Menschenrechte und das Versprechen der Rechtsstaatlichkeit. Wenn ein Japaner in den Niederlanden Urlaub macht, dann muss er nicht fürchten, ohne Anwalt und Verfahren im Gefängnis zu landen oder gar Folter ausgesetzt zu sein. Diese demokratischen Grundsätze gelten für alle, die im Verbund der Demokratien befreundet sind, für Spanier, die nach Taiwan fliegen, genauso wie für Südkoreaner, die nach Italien kommen, oder für Deutsche, die nach Hongkong reisen. Umso mehr zeigt sich, um was für eine scheußliche Übergriffigkeit es sich bei dem oben erwähnten Auslieferungsgesetz handelt, das China in Hongkong unter Carrie Lam durchsetzen wollte: Nicht nur die Bewohner Hongkongs, sondern auch alle Besucher könnten jederzeit nach China ausgeliefert werden, wenn die Volksrepublik – die kein Rechtsstaat ist und die Menschenrechte nicht anerkennt – dies einfordern sollte.

Wenn Xi Jinping »einmal Chinese, immer Chinese« sagt, dann ruft er damit alle Angehörigen der Han-Ethnie auf, stets auf das zu hören, was »das Mutterland« vorgibt. Damit ignoriert der kommunistische Machthaber die internationale Ordnung und ihr Recht und setzt auf Spaltung. In Singapur ist die Mehrheit der Staatsbürger chinesischer Abstammung. Würden diese Xi Jinping Folge leisten, wären sie keine Bürger Singapurs mehr. Ein Bürgerkrieg wäre die Folge. Genauso geht der türkische Machthaber Recep Tayyip Erdogan vor, wenn er deutsche Bundestagsabgeordnete türkischer Herkunft ordinär duzt und öffentlich anpöbelt. Als Türken hätten sie der türkischen Sache zu dienen. Wladimir Putin wiederum ist der Einzige, der versucht, das System von innen heraus auszuhöhlen. Er lässt auf der Krim russische Pässe verteilen und auf diese Weise über Nacht Ukrainer zu Russen machen. Jetzt ist er auch für sie zuständig und kann jederzeit behaupten, die russische Präsenz in der kriegsgebeutelten Zone diene allein dem Schutz russischer Staatsbürger.

In Polen und Ungarn machten sich die Autokraten daran, die Verfassung auszuhebeln, indem sie die Kontrolle über die obersten Gerichte ergriffen oder mittels Verfassungsänderungen den demokratischen Charakter ihrer Nationen zerstörten. Der ungarische Machthaber Orbán hat sein Land in den vergangenen Jahren so umgebaut, dass es ihm ein Leichtes war, sich in der Coronakrise mit solch einer umfassenden Macht auszustatten, dass es für Ungarn eigentlich unmöglich geworden ist, weiterhin Mitglied in der Europäischen Union zu bleiben. In dem Land hängen, vorschriftswidrig, seit Jahren schon keine europäischen Fahnen mehr an öffentlichen Gebäuden. Der Abschied aus dem Verbund der Freunde ist ein Abschied auf Raten.

Die Dreifaltigkeit der Demokratie – Menschenwürde, Verfassungsordnung und Staatsbürgerschaft – wirkt nicht nur nach außen, sondern auch nach innen. Denn der demokratische Staat existiert, wie wir gesehen haben, nur deshalb, weil er seinen Bürgerinnen und Bürgern garantieren kann, dass auf seinem Territorium die Menschenrechte anerkannt werden und jede staatliche Aktivität sich auf die Verwirklichung jener fairen und gerechten Gesellschaft richtet, die diese Menschenrechte einfordert.

Der 2009 verstorbene Soziologe und liberale Denker Ralf Dahrendorf nannte zwei Komponenten, die bei der Verwirklichung der demokratischen Idee essenziell sind: *civil rights* und *social rights*, Bürgerrechte und soziale Rechte. Sie sollen verbürgen, dass die Menschenwürde, von der die Verfassung spricht, ihr Dasein nicht als eine leere Hülle fristet. Menschenwürde als Postulat muss konkrete Auswirkungen haben. Unter *civil* können wir Rechte wie das Wahlrecht oder das Recht auf freie Meinungsäußerung verstehen. Unter *social* Zugang zu Bildung oder zu einer allgemeinen Gesundheitsversorgung. Die Anerkennung der Gleichheit aller verpflichtet zur gleichen Behandlung aller. Man kann nicht bürgerliche Rechte hochhalten, wenn keine sozialen Rechte mit ihnen einhergehen. Für die demokratische Nation bedeutet das, dass allen Bürgerinnen und Bürgern gleiche Teilhabe zusteht. Denn nur wer zur Schule gehen und einen Arzt aufsuchen kann, der hat die Möglichkeit, sich im Gemeinwesen zu etablieren und einzubringen. Teilhabe ist in der Praxis, was Souveränität in der Theorie ist. Diese Teilhabe ist ebenso die praktische Seite der Würde, die jedem Menschen in einer Demokratie zugesprochen wird. Über Teilhabe am Arbeitsmarkt erhalten Menschen Akzeptanz und ein soziales Umfeld. Nicht zuletzt erwirtschaften sie dort das, was sie zum Leben brauchen. Die Akzeptanz einer Demokratie beginnt genau dann zu erodieren, wenn in diesem Nukleus das Zueinander dieser Komponenten nicht mehr harmonisch ist. Kein fairer Zugang zu Gesundheitsversorgung und Ausbildung oder Arbeitslosigkeit verhindern die Teilhabe. Francis Fukuyama schreibt in *Identität: Wie der Verlust der Würde unsere Demokratie gefährdet*, dass sich in der gegenwärtigen Zeit immer mehr Menschen entwürdigt fühlen. Wenn die Teilhabe unmöglich gemacht wird, wenn die Bürgerin oder der Bürger zu einer bloßen Nummer im

Jobcenter wird, dann trifft das jeden Menschen hart in seinem Kern.

Francis Fukuyama weist damit auf einen Zusammenhang hin, der für den Aufstieg der Autokraten elementar ist: So auf sich selbst zurückgeworfen, wird für den Menschen die Emotion wichtiger als das nationale Argument. Es mag ja sein, dass der technologische Wandel zuerst Arbeitsplätze vernichtet, bevor neue entstehen. Es mag auch sein, dass es dafür Belege, Zahlen und Beispiele aus anderen Ländern oder der Vergangenheit gibt. Wenn man aber selbst von Arbeitslosigkeit heimgesucht wird und nicht weiß, wie man die nächste Miete, den Strom oder die Handyrechnung bezahlen soll, dann ist jeder mit sich allein.

In der Finanzkrise des Jahres 2008 verloren Hunderttausende US-Amerikaner ihr Zuhause. Etliche von ihnen zogen bei ihren Eltern, Geschwistern oder anderen Verwandten ein, in ein Gästezimmer oder in den dafür hergerichteten Keller oder auf den Dachboden, um nicht auf der Straße zu landen. Unter Präsident Barack Obama wurden die Banken gerettet, jene Hausbesitzer aber ohne mit der Wimper zu zucken in die Obdachlosigkeit geschickt. Das Gefühl der Entwürdigung – jede und jeder, die ihr Haus verloren haben, kennen es. In solch einem Moment steht die Akzeptanz der demokratischen Grundordnung auf dem Spiel. Denn wenn die Verfassungen von der unantastbaren Würde des Menschen tönen und diese in den Mittelpunkt staatlichen Handelns rücken, aber Entwürdigung das Gefühl der Stunde ist, dann ist die Einheit von bürgerlichen und sozialen Rechten zerbrochen. Für die, die so von der Krise getroffen wurden, wird die Rede von der Demokratie schal und leer.

Auch die Covid-19-Pandemie wird die Demokratien vor eine ähnliche Herausforderung stellen. Durch das Virus erleidet die Weltwirtschaft Schiffbruch. In den USA meldeten sich Ende März, Anfang April 2020 bereits rund zehn Millionen Menschen arbeitslos. Die Arbeitslosenrate, die in den USA vor der Pandemie bei 3,5 Prozent lag, könnte Schätzungen zufolge bis auf 30 Prozent steigen, was sogar die Zahlen der Großen Depression 1929 übertreffen würde! Immerhin gibt es in vielen Ländern der Welt, darunter befinden sich auch die USA und Deutschland, während dieser Krise finanzielle Hilfestellungen nicht nur für die Banken, sondern auch für die Bürger.

Im Jahr 2008 gab es die solidarische Hilfe, die wir einander aufgrund des uns verbindenden menschlichen Bandes schulden, nicht. Barack Obama, der seinen Wahlkampf mit dem Slogan »Yes, we can!« geführt hatte, lieferte nicht. Die Wahl Donald Trumps im Jahr 2016 kann als eine direkte Konsequenz aus diesem Versäumnis verstanden werden. In einem Moment, in dem das demokratische Narrativ brüchig geworden ist, konnte Trump mit einem einwanderungsfeindlichen Wahlkampf und dem Schlachtruf »Make America Great Again« die entwürdigten Wählerinnen und Wähler für sich gewinnen. Aber Trump hatte wenig Konkretes anzubieten. Und auch wenn einige Kommentatoren darauf hinwiesen und ergänzten, dass eine von Trump angekündigte Steuererleichterung für Konzerne sehr wahrscheinlich nicht mehr Geld in den Taschen der gebeutelten amerikanischen Mittelklasse bedeuten würde, waren viele Wählerinnen und Wähler dennoch bereit, einen alten weißen Mann zu wählen, von dem sie sich erhofften, dass er ihnen ihre Würde und ihren Stolz als Amerikaner wiedergeben würde. Sollte dies Opfer bedeuten, so sei's drum. Die Logik folgt demselben Muster wie im Brexit-Verfahren.

Die Krise des Jahres 2008 hat auf besonders starke Weise gezeigt, welche desaströsen gesellschaftlichen Verwerfungen damit einhergehen, wenn *civil rights* und *social rights* aus dem Lot geraten. Aber alle Demokratien der westlichen Welt haben, in dem einen oder anderen Maß, während der vergangenen 30 Jahre Defizite aufgebaut. Zwar steigt die Produktivität in den Ländern aufgrund zunehmender Automatisierung und Digitalisierung, jedoch macht sich dies nur im Bruttoinlandsprodukt bemerkbar und nicht in den Portemonnaies der Haushalte. Infolgedessen können sich Menschen über die Zeit weniger leisten, und es entsteht ein Gefühl der Entkoppelung, des Abgehängtseins. Damit einher geht die Angst davor, wie viele Arbeitsplätze der technologische Fortschritt in den kommenden Jahren vernichten wird. Unter den Stichwörtern künstliche Intelligenz und Robotik subsumieren viele Menschen ihre Sorgen, alsbald ohne Job dazustehen und von Maschinen ersetzt zu werden. Auch wenn eine zunehmende Automatisierung immer noch die meisten Arbeitsplätze wegrationalisiert, so gibt es bereits Untersuchungen, die zeigen, dass sowohl in Arztpraxen als auch in Bankfilialen und Rechtsanwaltskanzleien aufgrund des Einsatzes von künstlicher Intelligenz in Zukunft viele Jobs verloren gehen werden. Erstmals seit der Industrialisierung erfasst diese Welle nicht nur Menschen, die mit ihrer körperlichen Kraft ein Auskommen haben, sondern auch Menschen mit sogenannten White-Collar-Jobs, also mit bessergestellten Bürotätigkeiten.

Die Angst, von diesem Wandel heimgesucht zu werden, hat die Mittelschicht erreicht. Unsicherheit greift um sich. In einer Umfrage der Uni Göttingen, die sich an Anhänger der rechtsgerichteten Pegida wandte, gaben etliche der Befragten an, dass es ihnen heute genauso gut oder sogar besser ginge als vor zehn Jahren. Sie hätten aber Angst, dass dies in Zukunft nicht mehr so sein könnte, Angst um sich selbst, um ihre Kinder und Enkelkinder. (Die Studie konnte nicht genügend Probanden befragen, um am Ende als repräsentativ zu gelten. Die Universität entschied sich gemäß Angaben von *Spiegel online* dennoch zur Veröffentlichung, weil auch die gemachten Stichproben einen gewissen Einblick zuließen.)

In seinem Buch *Der Zukunftsschock: Strategien für die Welt von morgen* hat Alvin Toffler bereits vor einem halben Jahrhundert beschrieben, was in einer solchen Situation geschieht: Wenn der (technologische) Wandel dermaßen Fahrt aufnimmt, dass selbst die Eliten in einem Land ihn nicht mehr erklären können, dann werden die Menschen unsicher und ängstlich. Kurz darauf finden sich Populisten und Hardliner ein, die die Ängste der Menschen instrumentalisieren und für ihre Zwecke ausnutzen. Dann wiederum sind die Menschen bereit, eine Wir-gegen-die-Argumentation anzunehmen. Ein Anderer – ein Sündenbock – wird gebraucht, der als Grund für die Misere, in der man sich befindet, herangezogen werden kann. Der französische Philosoph René Girard hat zum Thema des Sündenbocks gearbeitet. Seiner Auffassung nach – er hat alle antiken Erzählungen studiert, in denen ein Sündenbock vorkommt – führt ein gemeinsamer Sündenbock verfeindete Menschen und Gruppen wieder zusammen. Im Gegensatz zum biblischen Sündenbock, der mit der Sünde des Volkes beladen zum Verenden in die Wüste geschickt wird, wird der Girard'sche Sündenbock durch Tötung aus der Welt geschafft. Auch und gerade in der Coronakrise tritt dieses Motiv verstärkt auf: Donald Trump nannte Covid-19 mehrfach »das chinesische Virus«, um von seinen eigenen Verfehlungen und denjenigen seiner Administration abzulenken und stattdessen »die Chinesen« als die Verursacher der weltweiten Plage an den Pranger zu stellen.

Autokraten, Populisten, Strongmen – die Begriffe (und wer dahintersteckt) mögen verschieden sein. Alle drei aber nutzen die Unsicherheit und Ängste von Menschen aus mit dem Ziel, sich selbst an die Macht zu bringen und dort zu halten. Um das zu bewerkstelligen, zerstören sie die Säulen, die ich als Trinität der Demokratie beschrieben habe. Sie diskreditieren Journalisten, Künstler und Wissenschaftler und denunzieren all jene als »Experten« und »Elite«, die in einer Gesellschaft für Pluralität und Diversität stehen.

Demokratien sind gleich doppelt in Gefahr: von innen durch jene, die sich als Alternative zur etablierten Demokratie positionieren, und von außen durch jene, die sich zugunsten ihrer Gefolgschaft in den demokratischen Ländern engagieren und dort die öffentliche Meinung korrumpieren und Wahlen manipulieren.

Weder Fukuyama noch Huntington haben sich die Weltordnung der Gegenwart in dieser Weise ausgemalt, als sie nach dem Ende des Kalten Krieges in Stanford und Harvard ihre Bücher schrieben. Huntington würde sich besonders wundern: Er hat eine konfliktreichere Welt heraufziehen sehen. Der westlichen Welt prophezeite er, dass ihre Macht insgesamt geringer werden würde, wobei der Einfluss der Vereinigten Staaten von Amerika durchaus verhindern würde, dass der Westen auf Abwege geriete. An einen Präsidenten wie Donald Trump, der erklärtermaßen ein Freund von Autokraten und Autokratie ist, hätte Huntington in seinen kühnsten Träumen nicht gedacht. Trump liebt das Faustrecht mehr, als er internationale Abkommen schätzt. (Es ist nicht so, dass die USA vor ihm nicht auch schon hemdsärmelig aufgetreten wären, aber kein US-Präsident vor ihm hat so wenig Respekt vor der Verfassung und den Institutionen der USA gehabt wie Donald Trump.)

Xi Jinpings Vision:
Chinas Griff nach der Welt

In Huntingtons *Kampf der Kulturen* ist China die zentrale Macht der sinischen Zivilisation. Insgesamt sieben Zivilisationen beschreibt Huntington (diese Einteilung ist, völlig zu Recht, als unzureichend kritisiert worden). Zusammen prägen sie die multipolare Welt des 21. Jahrhunderts. Huntington wurde vor allem wegen seiner vorausgesagten »blutigen Grenzen« zwischen der westlichen und der islamischen Welt angegriffen. Mitte der neunziger Jahre des letzten Jahrhunderts, als *Kampf der Kulturen* erschien, wurde dem Szenario einer möglichen Auseinandersetzung zwischen China und den USA wenig Beachtung geschenkt. Das hat sich in den vergangenen Jahren, besonders seit Donald Trump US-Präsident ist und zuletzt auch durch die Coronakrise, massiv geändert.

Dabei erinnert vieles von dem, was heute gegen China vorgebracht wird, an die argumentative Haltung, die gegenüber dem Islam schon länger vorherrscht: China wird ebenso wie der Islam als homogene Größe dargestellt, als machtvoller Block, der sich gegen einen Westen, der schwach geworden sei, erheben und diesen am Ende bezwingen werde. Natürlich ist die Volksrepublik eine straff organisierte Diktatur, deren Akteure im Zweifel mehr zustande bringen und erreichen können als die islamische Welt, die sich aus unzähligen Ländern von Marokko bis Malaysia zusammensetzt, und doch kann man nicht ernsthaft behaupten, dass sie ein einheitliches Ganzes darstellt. Von außen betrachtet sieht das Andere auf den ersten Blick immer einheitlich, vereint und stark aus, wohingegen die eigene Welt in viele partikulare Interessen zu zerfallen droht.

In Deutschland, in der freien Welt, äußern sich vor allem Wirtschaftsvertreter häufig lobend und ehrfurchtsvoll über China: Wenn dort etwas entschieden werde, dann würde es auch über Nacht umgesetzt. Demokratien hingegen könnten das nicht. Dieser Vergleich hinkt gleich mehrfach: Zum einen möchten Menschen, gleich ob in einer Demokratie oder in einer anderen Regierungs- und Gesellschaftsform, gut regiert werden. Good Governance ist deshalb auch im vorliegenden Buch nicht als eines der Charakteristika der Demokratie benannt, weil weder ein Königreich noch ein sozialistisches Paradies überdauern könnten, wenn sie nicht in der Lage wären, einen gerechten König oder das Prinzip »Gleichheit für alle« umzusetzen.

Zu einer funktionierenden Demokratie gehört ein Gesundheitssystem, wie es in Europa oder auch in anderen demokratischen Ländern wie Taiwan inzwischen Standard ist. Aber wie am Umgang mit der Coronakrise sowohl in der Volksrepublik als auch in den USA zu sehen war, können Regierungen – je nachdem, welchen Maßgaben sie folgen – auch Bad Governance abliefern: In der Volksrepublik wurde der Arzt, der zuerst mit Kollegen über das neuartige Virus sprach, von der Polizei bedroht, bestraft und mundtot gemacht. Der 34-jährige Li Wenliang infizierte sich selbst, als er Covid-19-Patienten behandelte, und starb kurz darauf an einer Lungenentzündung. In chinesischen sozialen Medien wurde er für seinen Mut wie ein Held gefeiert. Gleichzeitig entlud sich massive Kritik an der Regierung. Peking entließ im Folgenden einige lokale Parteigrößen in Wuhan, wo die Pandemie ausgebrochen war, um dem Volkszorn etwas entgegenzusetzen. Daran sieht man, dass China kein Monolith ist, in dem es keinerlei Dissidententum gibt. Und in den USA, wo keine flächendeckende Gesundheitsversorgung eingerichtet ist, trifft die Pandemie vor allem die Armen und die ethnischen Minderheiten wie Afro- und Lateinamerikaner.

Das Zeichnen des Anderen als Bedrohung gehört zum Einmaleins der autokratischen Politik: Der Feind steht draußen, gemeinsam begegnen wir ihm. Um das nachhaltig zu erreichen, stilisiert man sich gerne selbst als Opfer: Präsident Xi spricht denn auch häufig von den beiden vorangegangenen Jahrhunderten als jenen der »Erniedrigung des chinesischen Volkes« durch ausländische Mächte. Diese Zeit sei vorbei, China erstarke wieder und würde jetzt den Platz in der Weltgeschichte einnehmen, der ihm zustünde. Die Geschichte vom eigenen Erfolg reicht Autokraten nicht aus. Sie brauchen einen Feind, um die Reihen geschlossen zu halten und die eigenen Leute auf die gewählte ideologische Linie einzuschwören. Jeglicher Widerspruch im Inneren wird mit dem Verweis auf den äußeren Feind eliminiert. Beide Parteien, die Vereinigten Staaten und die Volksrepublik China, nutzen die Dämonisierung des Anderen, um auf ihrem eigenen Terrain Punkte zu machen – Donald Trump mit seiner bewusst gewählten Bezeichnung des »chinesischen Virus« auf der einen, der gleichgeschaltete chinesische Staatsapparat auf der anderen Seite.

In der Tat war bereits während meines Aufenthalts in Ostasien von 2017 bis 2018 spür- und erlebbar, dass die Volksrepublik das gesamte Ausland als Widersacher auf ihrem Weg zur Weltmacht und dementsprechend jeden Ausländer, der in China zu Gast ist, zur Persona non grata erklärt. Kurz vor meinem Besuch in der Hauptstadt Peking im März 2018 war an den Eingängen zu einigen Bars und Restaurants auf Warntafeln verzeichnet, wie viele Ausländer drinnen erlaubt sind. Taxifahrer fühlen sich völlig im Recht, in Peking genauso wie in Shanghai, wenn sie Fremde nicht mitnehmen. Während der Coronakrise kam dieses Ressentiment in Karikaturen zum Ausdruck, auf denen Ausländer als Dreck dargestellt wurden, der von Chinesen in Abfalleimern entsorgt werden muss. Indem die Ausländer implizit als Quelle der Pandemie gezeichnet werden, lenkt die kommunistische Führung unter Xi Jinping von ihren Versäumnissen ab und richtet die Aufmerksamkeit stattdessen auf jene, die sie als Sündenbock ausgemacht hat.

Durch positives Hervorheben der Volksrepublik nicht nur gegenüber der freien Welt, sondern auch gegenüber anderen kommunistischen Ländern soll die Sonderstellung Chinas betont werden. Xi Jinping argumentiert, dass Demokratie für die Menschen im Westen gut sein mag, dass sie jedoch weder ein universelles Prinzip sei noch universelle Werte mit sich bringe, die das chinesische Volk adaptieren könnte. Diese Engführung und Betonung auf behauptete chinesische Eigenarten klingen für das eine oder andere Ohr vielleicht plausibel, aber wie immer, wenn von ewigen Prinzipien und angeborenen Eigenschaften zu hören ist, empfiehlt sich Skepsis. Präsident Xi plant wohl schon allein deswegen mit allen Mitteln, Taiwan der Volksrepublik China einzuverleiben, weil die rund 24 Millionen Einwohner Taiwans, deren überwältigende Mehrheit Han-Chinesen sind, die sowohl ihre Sprache als auch ihre Kultur und Geschichte mit dem chinesischen Festland teilen, in einer Demokratie leben. Die Behauptung, dass Han-Chinesen aufgrund einer bestimmten Disposition nicht in einer Demokratie leben könnten, ist damit eindrücklich widerlegt.

Präsident Xi verfolgt die erklärte Absicht, China als Weltmacht des 21. Jahrhunderts zu positionieren. Dies soll erfolgen durch vier grundsätzliche Maßnahmen, die im Folgenden genauer dargestellt werden sollen: (1) Stärkung der Partei und zunehmende Überwachung der Bevölkerung im Inneren; (2) Streben nach regionaler Hegemonie, vor allem durch eine harte Hand gegenüber Hongkong, Taiwan, Xinjiang und Tibet sowie durch verschiedene Territorialansprüche, unter anderem gegenüber Japan und Vietnam; (3) ausgewählte Soft-Power-Ansätze wie die »One Belt, One Road«-Investitionsinitiative; (4) Beeinflussung respektive Veränderung internationaler Organisationen wie der UN oder der WHO.

(1) Stärkung der Partei und zunehmende Überwachung der Bevölkerung im Inneren: Anders als seine Vorgänger, die für eine schrittweise relative Öffnung Chinas gegenüber dem Rest der Welt eintraten, hat sich Xi Jinping mit seinem Amtsantritt für einen entgegengesetzten Kurs entschieden. Ganz oben auf seiner Agenda steht die Bekämpfung der Korruption im Land. Xis Kritiker sagen,

diese Maßnahmen dienten ihm nur dazu, die politischen Gegner aus dem Weg zu räumen.

Durch Rückbesinnung auf das konfuzianische Erbe und Maos Schriften soll dem Land ein neues Narrativ gegeben werden. Präsident Xi nennt dieses Programm »Sozialismus mit chinesischen Charakteristika«. Darunter fällt zum Beispiel auch die Betonung der Harmonie, die durch Ruhe und Ordnung erzeugt wird, als Wesenselement der Gemeinschaft. Es ist der Versuch, die Partei und den Staat über das Vehikel der konfuzianischen Lehre und deren traditioneller Autorität mit der jahrtausendealten Geschichte Chinas zu verknüpfen. Ruhe und Ordnung als Staatsziele – das klingt beileibe nicht nach lebhafter Debatte, nach Meinungsverschiedenheit und dem konstruktiven Streit um die besseren Argumente.

Ein weiteres Element der konfuzianischen Lehre ist die Meritokratie. Verdienst und Leistungen des Einzelnen sollen darüber bestimmen, wer in der Hierarchie der Partei aufsteigt. Wer den Aufgaben in der Provinz nicht gewachsen ist, dem wird die Partei keinen höhergestellten Posten in der Stadt anbieten. Diese Meritokratie wird zu einer Art demokratischem Element verklärt, sie passt allerdings überhaupt nicht zur offenkundigen Notwendigkeit, die weitverbreitete Korruption zu bekämpfen. *Guanxi*, Beziehungen, so heißt es im Chinesischen, brauche man, um sich erfolgreich durchs Leben zu manövrieren. Wer keine Beziehungen in die Partei und den Staatsapparat hat, für den wird es sehr schwer, seinen Weg zu machen.

Unter Xi Jinping fand schnell eine Zentralisierung der Macht des Präsidenten statt. Das Limit, das die Amtszeit des Präsidenten auf zehn Jahre beschränkt, wurde aufgehoben. Zudem hat Xi seine ideologischen Schriften kanonisieren lassen. Er zählt somit neben Mao und Deng Xiaoping zu den großen Lehrern der Volksrepublik China. Damit geht unter anderem einher, dass die Bürgerinnen und Bürger seine Äußerungen und Weisheiten über die App *Lerne über das starke Land* auf ihr Smartphone geschickt bekommen. Von Parteimitgliedern wird das Studium von Xis Gedanken erwartet. Dabei erlaubt sich der Diktator sogar ein Wortspiel. Sein Name 习 (xí) ist Bestandteil verschiedener chinesischer Wörter, wie 学习 (xuéxí), lernen, oder 习作 (xízuò), Aufgabe, passend also für einen selbsternannten Lehrer des Volkes.

Im Jahr 2018 begannen die Feierlichkeiten zu 40 Jahren Reformen durch Deng Xiaoping. Seine Reformen schlossen an Maos Kulturrevolution an, während der rund 400 000 Menschen umgebracht und Millionen weitere gefoltert und drangsaliert worden waren. Deng leitete eine Modernisierung und schrittweise Öffnung Chinas ein. Xi Jinping, der das Land wieder in den Zustand vor Dengs Regierungszeit zurückführen möchte, hat den Reformer während der Feierlichkeiten in den Hintergrund gedrängt und stattdessen sich selbst feiern lassen. In Shenzhen wurde ein Zitat von Deng Xiaoping von einem Fries, das den Eingang zu einer Ausstellung über dessen Reformen zierte, abmontiert und durch ein Zitat von Xi Jinping ersetzt. Im Zuge der Feierlichkeiten kritisierte Dengs Sohn Pufang in einer öffentlichen Mitteilung, dass das Land unter Xi vom Reformkurs, den sein Vater begonnen hatte, abgekommen sei. Deng Pufang sprach dabei ganz im Sinne seines Vaters, der China verordnet hatte, nach innen zu schauen, sich neu zu gestalten und gleichzeitig ein gutes Verhältnis mit dem Rest der Welt zu suchen. Unter Deng begann die Normalisierung des Verhältnisses zu den Vereinigten Staaten. Von Kritikern darauf angesprochen, warum er sich mit den USA einließe, soll Deng geantwortet haben, dass alle Länder, die mit den USA kooperierten, nun besser dastünden als vor der Zusammenarbeit. Diese positive Haltung gegenüber dem Ausland im Allgemeinen und den Vereinigten Staaten von Amerika im Besonderen gibt es in Xis China nicht mehr.

Deng Pufang ist aufgrund seines Nachnamens einer der wenigen, die Präsident Xi öffentlich kritisieren können, ohne dafür ins Gefängnis zu wandern, zumindest konnte er es zum Zeitpunkt der Feierlichkeiten noch. Seine Rede wurde jedoch nicht von den chinesischen Medien übertragen. Der Streit zwischen den Verfechtern der Abschottung und denen der Öffnung wird dadurch befeuert, dass Xis Vater, Xi Zhongxun, wie Deng in der heutigen IT-Metropole Shenzhen als Reformer aktiv war. Es dürfte Xi auch deshalb ein Anliegen sein, das Gedenken an Deng zu unterdrücken. Aber all dem übergeordnet steht unbestritten die Neuausrichtung des Landes. Dazu gehört auch – wie bereits angedeutet und wie wir später im Detail sehen werden – die harte Gangart gegenüber Hongkong, Taiwan und den autonomen Gebieten Xinjiang und Tibet. Hongkong fällt in diesem Zusammenhang die Rolle einer Scharnierstelle zu, denn es ist die Stadt in China mit den engsten Verbindungen hinaus in die Welt. Als Finanzmetropole spielt Hongkong eine starke Rolle im globalen Finanzsystem. Indem Xi den Status von Hongkong anficht, greift er indirekt auch den Rest der Welt an. Von Dengs moderaten Reformen nach innen und seinem Brückenbauen nach außen ist nichts mehr übriggeblieben.

(2) Streben nach regionaler Hegemonie, vor allem durch eine harte Hand gegenüber Hongkong, Taiwan, Xinjiang und Tibet sowie durch verschiedene Territorialansprüche, unter anderem gegenüber Japan und Vietnam: Chinas unmittelbare Nachbarn sollen die Volksrepublik als starke Hegemonie in der Region anerkennen und fürchten. Was der Weltöffentlichkeit seit der Expansion des kommunistischen China ab 1950 vor allem aus Tibet bekannt ist, findet nun traurige Wiederholungen sowohl in Xinjiang, dem hauptsächlich von uigurischen Muslimen bewohnten autonomen Gebiet im Nordwesten des Landes, als auch in Taiwan, dem selbstständigen Land vor der Küste Chinas, und in Hongkong, dessen Sonderstatus noch bis 2047 rechtlich verbürgt ist. Der unabänderliche Wille von Präsident Xi, die regionale und globale Machtarchitektur kolossal zu verändern, wird allein dadurch sichtbar, dass die gegenüber Hongkong gemachten Versprechen und die unterschriebenen Verträge von Seiten Chinas missachtet werden. Wer Zweifel an den Absichten Chinas unter Xi hat, muss nur auf Hongkong schauen, um zu sehen, dass jede Vorsicht berechtigt ist.

Tibet, Xinjiang, Taiwan und Hongkong eint, dass alle vier mindestens eine eigene Kultur und Lebensweise haben, die sich von derjenigen der Han-Chinesen, die Xi Jinping favorisiert, unterscheidet. In Hongkong sollte durch das oben erwähnte Auslieferungsgesetz die Eigenständigkeit der Stadt und ihrer Kultur, die während zweier Jahrhunderte stetig gewachsen sind, abgeschafft werden. Hongkong soll eine Identität übergestülpt werden, die so nicht vorhanden ist. Als unmittelbare Reaktion darauf steigt die Anzahl der Einwohnerinnen und Einwohner, die von sich behaupten, sie seien Hongkonger, wohingegen die Zahl jener sinkt, die sich als Chinesen definieren. Konnte ich mich in den Jahren 2017 und 2018 noch mit Mandarin durchschlagen, bekam ich 2019 bereits zu hören, dass ich doch bitte Kantonesisch oder Englisch sprechen möge.

Die Taiwanesen, mehrheitlich Han-Chinesen, die in verschiedenen Wellen, zuletzt nach dem verlorenen Chinesischen Bürgerkrieg 1949, auf die Insel im Westpazifik gekommen sind, teilen Sprache und Kultur mit dem Festland. Taiwans Preziosen, seine demokratische politische Kultur und seine liberale Öffentlichkeit, sollen aus Sicht Chinas zerschlagen werden, wenn nötig mit Waffengewalt und Annexion. Auf dem XIX. Parteitag der Kommunistischen Partei Chinas drohte Präsident Xi dann auch, dass er eine Unabhängigkeitserklärung Taiwans niemals akzeptieren werde. In Taiwan allerdings zuckt man nur mit den Schultern: Lin Fei-Fan, einer der Initiatoren der Sonnenblumenbewegung von 2014, der heute stellvertretender Generalsekretär der regierenden Progressiven Fortschrittspartei ist, erklärte mir, dass die Mehrheit der Taiwanesen – analog zu den Entwicklungen in Hongkong – sich gegenwärtig nicht mehr als Chinesen sehen. Die mit seiner Partei konkurrierende Kuomintang Chinas (KMT) hat sich immer für eine enge Bindung zum Festland stark gemacht und als Gründe neben ökonomischen Vorteilen das gemeinsame kulturelle Erbe angeführt. Vertreter dieser Partei sagten mir nun, dass es immer schwieriger wird, diesen Kurs beizubehalten, da die Alten, die eine gewohnheitsmäßige Bindung an die KMT haben, sterben, und die anderen Wählergruppen sich nicht vorstellen können, wie eine enge Bindung an China aussehen könnte, wenn der Anführer der Volksrepublik gleichzeitig mit Krieg und Annexion droht.

Tibet ist und bleibt nach wie vor ein heißes Eisen. Es gibt schon seit Jahren Berichte darüber, dass die kommunistische Zentralregierung buddhistische Klöster und andere historische Gebäude wie Tempelanlagen zerstören lässt. Gleichzeitig werden Han-Chinesen in Tibet angesiedelt, um die Kultur der tibetischen Bevölkerung weiter zurückzudrängen. Erstaunlich ist der Furor, mit dem Peking nach wie vor alles bekämpft, was nur einen Hauch von Unterstützung Tibets und ihres geistlichen Oberhaupts, des Dalai-Lama, trägt. Als Daimler Anfang Februar 2018 eine Anzeige schaltete, auf der ein Zitat des Dalai-Lama (»Look at situations from all angles, and you will become more open«) abgedruckt war, brach die Hölle über dem deutschen Autobauer herein. Konzernchef Dieter Zetsche wälzte sich, auf wirklich blamable Weise, vor den Chinesen im Staub und versprach Peking, nie wieder einen solchen Fauxpas zu begehen. Nur wenige Tage nach diesem Vorfall, am 23. Februar, wurde bekannt, dass der chinesische Automobilkonzern Geely Anteile an Daimler im Wert von neun Milliarden Dollar gekauft und damit knapp zehn Prozent der Aktien des Konzerns erworben hat. Es ist plausibel, hier einen Zusammenhang zu sehen, wenngleich ein solcher nie öffentlich eingeräumt wurde.

Beachtenswert ist die humorlose Strenge, mit der Peking um sich schaut. Eine Weltmacht wie China müsste eigentlich eine gewisse Gelassenheit an den Tag legen und sich nicht komplett aus der Fassung bringen lassen von solch kleinen Details. Vergleichbares konnte auch wegen der Proteste in Hongkong beobachtet werden. Der Tweet »Kämpft für die Freiheit, unterstützt Hongkong« eines Managers des amerikanischen Basketballklubs Houston Rockets erzürnte Peking derartig, dass der Staatssender CCTV die Übertragung der Spiele der NBA für kurze Zeit aussetzte. Es sind diese Momente, die einen kleinen Einblick gewähren, wie unsere Welt aussehen könnte, wenn eine chinesische Volksrepublik nach Xi Jinpings Prägung zukünftig das Sagen hätte.

Tibet erscheint heute wie eine Vorlage für Xinjiang, das 70 Jahre nach dem Land im Himalaja von Peking heimgesucht wird. Auch in Xinjiang werden religiöse Anlagen zerstört und vor allem die Uiguren daran gehindert, ihren muslimischen Glauben zu leben und ihre Kultur zu pflegen. Riesige Internierungslager, in denen mehr als eine Million Menschen einsitzen sollen, dienen der physischen und psychischen Folter und der Umerziehung der Uiguren und anderer Minderheiten in China. Die Volksrepublik hat die Existenz solcher Lager lange Zeit geleugnet, während Satellitenbilder klar belegen, dass es sie gibt und dass sie stetig wachsen.

Religionen werden in der atheistischen Volksrepublik nur so weit geduldet, wie sie sich von Peking kontrollieren lassen. An diesem Beispiel wird die Gleichschaltung allen öffentlichen Lebens besonders deutlich. Tempelanlagen, Moscheen, Kirchen und andere Kultstätten werden mit Videokameras überwacht. Das Verteilen von Bibeln ist untersagt und manche Kirchen werden gar abgerissen. Mal sind die Turmkreuze zu groß, mal ist die gesamte Anlage ein zu dominanter Blickfang. Die Partei duldet keine Konkurrenz, weder im Himmel noch auf Erden. Aus den Medien ist uns auch die grausame Verfolgung der Anhänger von Falun Gong bekannt, einer 1992 in Nordchina begründeten Lehre, die Meditation, Moral und Philosophie miteinander verknüpft. Rund 2000 Falun-Gong-Praktizierende sollen zu Tode gefoltert worden sein. Außerdem liegen Berichte vor, wonach Anhänger der friedlichen Bewegung entführt und getötet worden sind, damit ihre Organe für die chinesische Transplantationsindustrie verwendet werden konnten. Der Konfuzianismus schließlich ist nur in einer von der kommunistischen Führung approbierten Interpretation zugelassen. Die Prinzipien moralischen Verhaltens, die Konfuzius im fünften Jahrhundert vor unserer Zeitrechnung für das Leben am Hof eines lokalen Fürsten formuliert hat, werden einfach uminterpretiert für ein in sich geschlossenes China, dessen Bürgerinnen und Bürger wie die Mitglieder des Hofes als eine große geeinte Familie in Harmonie zusammenleben sollen.

In Hongkong und Taiwan herrschen Religionsfreiheit. Etliche religiöse Institutionen wie Schulen und Konvente übersiedelten daher im Lauf der Zeit vom chinesischen Festland auf die Insel Taiwan. Der Heilige Stuhl, der einzige europäische Staat, der Taiwan anerkennt, ist deshalb auf der Insel, weil seine diplomatische Vertretung im Land Maos nicht mehr willkommen war. 1951 wurde der Apostolische Nuntius aus der neu gegründeten Volksrepublik ausgewiesen. Die katholische Kirche ist den Kommunisten seit jeher ein Dorn im Auge, ihr geistliches Oberhaupt lebt in Rom und entzieht sich somit dem Zugriff der Nomenklatura. Katholiken wurden unter Mao zu Staatsfeinden, die sich Verfolgungen ausgesetzt sahen, sollten sie nicht von der römisch-katholischen

Kirche in die vom Staat kontrollierte sogenannte patriotische Kirche konvertieren. Die Funktionsträger der patriotischen Kirche werden von China ausgewählt. Da sie nicht in Gemeinschaft mit der katholischen Kirche stehen, sind sie keine echten Bischöfe, sondern lediglich Lakaien des Systems. Endlich, im September 2018, erreichten der Heilige Stuhl und die Volksrepublik eine Übereinkunft, die von Beobachtern als historisch eingestuft wurde. Zum ersten Mal seit 1951 hatten sich beide Seiten in der Streitfrage der Bischöfe aufeinander zubewegt. Der Papst sollte zukünftig die Wahl haben, die Empfehlungen von Kandidaten für das Bischofsamt durch die Partei anzunehmen oder nicht. Bereits von Peking eingesetzte Bischöfe sollten vom Papst anerkannt werden. Durch die schrittweise Normalisierung der Beziehungen zu Rom erhofft sich Peking, dass der Vatikan im Gegenzug seine diplomatischen Verbindungen zu Taiwan kappen werde. Eine solche mögliche Wende in der vatikanischen Außenpolitik wurde vom emeritierten Erzbischof von Hongkong, Kardinal Joseph Zen, scharf kritisiert. Seiner Meinung nach würde die nachträgliche Anerkennung von linientreuen Klerikern die vielen Millionen Katholiken Chinas, die ihrem Glauben und der katholischen Kirche – im Untergrund und mit vielen Entbehrungen – treu geblieben waren, demütigen und in ihrer religiösen Identität zutiefst verletzen.

Es ist auffällig, dass China in Hongkong, Tibet, Xinjiang und auf Taiwan einem Muster folgt, das, wenn auch in Detailfragen verschieden und mit ungleicher Geschwindigkeit, dasselbe Ziel verfolgt, nämlich eine Homogenisierung der Gesellschaft durch die Dominanz der Han-Ethnie beziehungsweise der herrschenden

Kommunistischen Partei herbeizuführen. Es ist nämlich die KP, die die Frage nach der ethnischen Zugehörigkeit erst zu einem die Politik bestimmenden Thema gemacht hat. Es geht der KP immer darum, jede eigene kulturelle Regung, sofern sie überhaupt erlaubt ist, der Parteilinie unterzuordnen und so weit wie möglich für die eigenen Ziele auszubeuten.

(3) Ausgewählte Soft-Power-Ansätze wie die »One Belt, One Road«-Investitionsinitiative: »One Belt, One Road« ist das vielleicht größte Investitionsprojekt in der Geschichte der Menschheit. Die Volksrepublik investiert überall auf der Welt in bedeutende Infrastrukturprojekte – Straßen, Häfen, Flughäfen, Kraftwerke, Staudämme. Länder, die mit Chinas Unterstützung bauen, müssen sich verschulden und im Fall, dass sie die Schulden nicht mehr begleichen können, der Volksrepublik verschreiben. China kann die besagten Projekte günstiger realisieren, da es eigene Arbeiter entsendet, die nicht nach lokalen Löhnen und Tarifen bezahlt werden und über keine in Demokratien übliche soziale Absicherung verfügen. Der weltweite Straßenbau soll das Prinzip der Soft Power ausführen. »Soft Power« – ein Begriff, den der amerikanische Politikwissenschaftler Joseph Nye geprägt hat – meint die politische Machtausübung aufgrund von Strahlkraft und Attraktivität. China erhofft sich so, zu einem zentralen Player in den internationalen Beziehungen zu werden. Nach innen vermarktet die Führung die Initiative als Zeichen für Chinas Erfolg und seinen wachsenden Einfluss. Außerhalb der Staatsgrenzen ist die Stimmung durchwachsen. Immer mehr Kritiker sehen hinter der Initiative ein bloßes

Instrument, um arme Länder finanziell von China abhängig zu machen und sie somit zu zwingen, in internationalen Konflikten Partei für das Land zu ergreifen und in den entsprechenden Gremien auf einer Linie mit China zu stimmen. Das Projekt wird auch als »Neue Seidenstraße« bezeichnet, ein Begriff, der untrüglich an Chinas glorreiche Vergangenheit als Reich der Mitte erinnern soll. China verfolgt so das erklärte Ziel, außerhalb der internationalen Organisationen Abhängigkeiten zu generieren, die der kommunistischen Führung einen stetig wachsenden Einfluss auf das politische Weltgeschehen ermöglichen.

Als ein zweiter Soft-Power-Hebel sollen Chinas Konfuzius-Institute wirken. Sie unterstehen dem chinesischen Bildungsministerium und operieren seit 2004 an zahlreichen Orten der Welt. Gemäß eigenen Angaben ist ihr Zweck, die chinesische Sprache und Kultur im Ausland zu vermitteln, vergleichbar mit den Goethe-Instituten der Bundesrepublik Deutschland. In der Vergangenheit häuften sich Berichte, wonach chinesische Gaststudierende im Ausland von linientreuen Landsleuten eingeschüchtert wurden, wenn sie sich auf Lehrveranstaltungen kritisch geäußert hatten. Viele Konfuzius-Institute haben ihren Sitz auf Universitätsgeländen, was eine solche Überwachung durch ihre Mitarbeiter möglich macht. Bis zu welchem Grad die Institute wirklich von Peking gesteuert sind, lässt sich allerdings nicht belegen. Dass es Peking aber auch auf die Wissenschaftsfreiheit abgesehen hat, ist spätestens offenbar geworden, als die Kommunistische Partei die Universität Cambridge in England gezwungen hat, verschiedene Artikel aus ihrem Onlinearchiv zu löschen, deren Inhalte der Partei unliebsam waren, darunter solche zum Massaker auf dem Platz des Himmlischen Friedens von 1989. Die Universität tat wie geheißen, und erst nach internationalen Protesten machte Cambridge schließlich einen Rückzieher vom blamablen Bückling gegenüber Peking.

(4) Beeinflussung respektive Veränderung internationaler Organisationen wie der UN *oder der* WHO*:* Die Volksrepublik setzt sich außenpolitisch für den regelbasierten Handel ein, wenn es ihr nützlich erscheint. So hat sich der chinesische Präsident nach der Wahl Donald Trumps und der kurz danach beschlossenen Beendigung des Pazifischen Freihandelsabkommens (das eigentlich einen Handelsblock schaffen sollte mit dem Ziel, Chinas aufstrebende Macht im Rahmen zu halten) zu Wort gemeldet und betont, dass China den globalen Welthandel stützen wolle. So konnte die Volksrepublik das Vakuum, das durch den Regierungswechsel in den USA entstanden war, strategisch für sich nutzen. Innerhalb Chinas Grenzen wiederum gelten die Regeln dieses globalen Welthandels nicht: Ausländische Firmen, die in China operieren, müssen ein Verbindungsbüro zur Kommunistischen Partei unterhalten und jederzeit damit rechnen, dass sensible Daten und Geschäftsgeheimnisse abgegriffen und inländischen Firmen zugespielt werden. Daneben soll mittels strategischer Zukäufe im Ausland Chinas Einfluss in den betreffenden Ländern erhöht werden. Dagegen regt sich unter Trumps Präsidentschaft jetzt Widerstand. Den Handelskrieg mit China begründet der US-Präsident unter anderem damit, dass Peking geschützte Firmengeheimnisse abgreife und im Ausland Spionage betreibe, beispielsweise

durch den Informations- und Telekommunikationskonzern Huawei.

Das deutsche Nachrichtenmagazin *Der Spiegel* berichtete im Juli 2019 darüber, wie China die Architektur und die Werte der Vereinten Nationen zu seinen Gunsten verändern möchte. Die Volksrepublik werbe aggressiv für ihre eigene Vorstellung der Menschenrechte. Nur *social rights* seien Menschenrechte, denn Wohlstand stehe jedem Menschen zu, und Regierungen seien dazu verpflichtet, in diesem Sinne für ihre Bevölkerungen zu sorgen. *Civil rights* wie freie Meinungsäußerung, Wahlrecht, Verfassung – im Grunde alle Rechte, die in einer freien Demokratie zu den Bürgerrechten zählen – gehören hingegen nicht dazu. Dass der Mensch aber als politisches Wesen die Gemeinschaft prägen, stützen, kritisieren und sogar verbessern kann – und dass genau das unter anderem seine ihm eigene Würde ausmacht –, wird vollkommen ausgeblendet.

Präsident Xi möchte unter allen Umständen erreichen, dass die Gleichung *Menschenwürde führt sowohl zu bürgerlichen als auch zu sozialen Menschenrechten* in China nicht aufgeht. Die Erfahrung in den freien Demokratien der Welt zeigt, dass Menschen bereit sind, sich politisch zu engagieren und so ihr Lebensumfeld zu verbessern, sobald sie die Sorgen um das Notwendigste hinter sich lassen können. Ökonomische Zusammenarbeit ist der erste Schritt, um eine Mittelklassegesellschaft zu errichten. Dies ist sowohl im atlantischen als auch im pazifischen Raum nach dem Ende des Zweiten Weltkriegs geschehen. Westeuropa, Japan, Südkorea und Taiwan haben so ihren Erfolgskurs begonnen. Wirtschaftliche Kooperation baut auf Regeln und auf das gegenseitige

Vertrauen, dass die vereinbarten Regeln eingehalten werden. Eine solche Wirtschaftspolitik ist Demokratieförderung. China, das fordert, dass außerhalb seiner Grenzen faire Regeln gelten, innerhalb des Landes aber nicht, ist das Gegenbeispiel zu dieser Erfolgsgeschichte. Präsident Xi hat aus Angst, dass in China der Wunsch nach Demokratie aufkommen könnte, weil es den Menschen finanziell gutgeht, die Zivilgesellschaft genau in dem Moment an die Kette gelegt, als sie begann, sich zu entfalten. Zugegeben, auch unter seinem Vorgänger Hu Jintao war die Volksrepublik kein freies Land. Wohl aber gab es eine wachsende Blogosphäre, in der Kritik zu einem gewissen Grad erlaubt war.

Der Kern des Systemwettstreits zwischen China und der freien Welt liegt denn auch genau in der Frage, ob es gelingen kann, prosperierende Gesellschaften zu bauen, ohne dabei politische Freiheiten gewähren zu müssen. Es scheint offenkundig, dass dies in einer Autokratie nur dann der Fall ist, wenn Druck und Gewalt ausgeübt werden. Auch wenn es im Ausland nicht so erscheinen mag, die Menschen in China möchten sich politisch äußern! Als ich auf Taiwan wohnte, gab es in Shanghai einen Skandal: In einem Kindergarten wurden Kinder von den Erziehern mit Nadeln gequält. Die Eltern gingen auf die Barrikaden und protestierten. In einer mondänen, weltgewandten Stadt wie Shanghai gelingt es der kommunistischen Führung nicht, Meinungsäußerung und Protest gänzlich zu unterdrücken.

Hongkong, das im Gegensatz zu China Zugang zum freien Internet hat, fällt eine Schlüsselstellung zu. Die Hongkonger machen China vor, wie man gegen Unterdrückung durch die Regierung vorgehen kann: dezentrale Organisation von Protesten über soziale Medien, Artikulation politischer Ziele, Erreichen von Unterstützung zu Hause und überall in der Welt. Vor nichts hat die chinesische Führung mehr Angst. Das ist, wie bereits gesagt, auch der Grund, warum Taiwan unter allen Umständen kontrolliert werden soll.

Als ich im November 2019 eingeladen war, in Shanghai zum 30-jährigen Jubiläum des Mauerfalls zu sprechen, wurde die Parteiführung in der Stadt nervös: Niemand sollte über fallende Mauern, Proteste und das erfolgreiche Überwinden eines kommunistischen Systems sprechen. Am Ende konnte ich meinen Vortrag zwar halten, aber es war auch ein offenes Geheimnis, dass Vertreter der Partei im Publikum saßen. Sie sollten beobachten, was ich sagte und wie die etwa 120 Zuhörer, die eingeladen waren, Fragen zu stellen und zu diskutieren, darauf reagierten.

Die kommunistische Führung verlangt von den Chinesen Dankbarkeit und Gehorsam für die Befreiung aus der Armut und trennt politische und soziale Menschenrechte. Diese Trennung hat nur ein Ziel, nämlich eine Zivilgesellschaft jenseits der Partei unmöglich zu machen.

Wenn der Volksrepublik zugebilligt wird, sich aufgrund wachsender ökonomischer Relevanz auch in internationalen politischen Institutionen wie den Vereinten Nationen stärker zu positionieren, wird sie das auch tun. China verhindert seit Jahren erfolgreich, dass Taiwan als Beobachter bei der WHO zugelassen wird. Und während der Covid-19-Pandemie verbot Peking der Weltgesundheitsorganisation, Taiwan Informationen zu lebensrettenden Maßnahmen zukommen zu lassen! Man kann leider nicht erwarten, dass Menschen rational denken, sprechen und handeln, wenn sie von Ideologien und Machtgelüsten getrieben sind. Dieses Verhalten kann man – wie schon aufgezeigt – besonders bei Pekings Umgang mit der unmittelbaren Nachbarschaft beobachten, in Hongkong, Tibet und Xinjiang und auf Taiwan, aber inzwischen eben auch international.

China und der Rest:
Wie soll man sich in Deutschland, Europa und den USA positionieren?

Nach dem postulierten Ende der Geschichte verblieben die USA als scheinbar letzte wirkliche Supermacht. Es herrschte Konsens darüber, dass es nach dem Niedergang der Sowjetunion keinen Antagonisten mehr gibt, mit dem sich die Vereinigten Staaten messen müssten. Der Aufstieg Chinas hat diese Gewissheit ins Wanken gebracht. Jetzt, da die Volksrepublik zurück ist auf der internationalen Bühne, liegt es nahe, die Konfrontation zwischen den USA und China mit jener aus dem vergangenen Jahrhundert zu vergleichen. Auch heute stehen sich eine demokratische und eine kommunistische Macht gegenüber. Bei näherem Hinsehen erweist sich der Vergleich aber als abwegig: Die ideologische Konfrontation während der Zeit des Kalten Krieges brachte die Welt mehrfach an den Rand eines neuen Weltkrieges, sei es an der innerdeutschen Grenze oder vor Kuba. Nur die Abschreckung, die Angst vor der atomaren Vernichtung, hielt die beiden Antagonisten in Schach. Die Volksrepublik China war zu Hochzeiten des Kalten Krieges ein nahezu irrelevanter Akteur. Die USA waren bis in die siebziger Jahre des 20. Jahrhunderts vor allem an Taiwan interessiert, wohin sich die im Chinesischen Bürgerkrieg unterlegenen republikanischen Kräfte zurückgezogen hatten. Taiwan wurde zu einem sogenannten asiatischen Tigerstaat, zu einem Land, das es wie Japan und Südkorea geschafft hatte, von einem Agrarland zu einem Hightechstandort zu avancieren.

Im Unterschied zur Sowjetunion, mit der Peking wegen der Fehde zwischen Chruschtschow und Mao um die Führungsrolle in der kommunistischen Welt im Dauerstreit lag, kam China den Vereinigten Staaten nach Richard Nixons Besuch bei Mao 1972 Stück für Stück näher. Bis 1979 hielten die USA auch ihre vollen diplomatischen Beziehungen zu Taiwan aufrecht, bevor sie diese dann zugunsten Chinas aufgaben. Hongkong war zu dieser Zeit noch britische Kronkolonie. Wie nach Taiwan flüchteten viele Menschen 1949 auch nach Hongkong, nachdem klar wurde, dass die Republik China im Bürgerkrieg endgültig gegen die Kommunisten verloren hatte. Das gute Verhältnis zwischen Hongkong und Taiwan, das während der Proteste 2019 sichtbar wurde, als die taiwanesische Präsidentin Tsai Ing-wen politische Flüchtlinge aus der Finanzmetropole auf der Insel aufnahm, mag dort seinen Ursprung haben.

Unter Richard Nixon begannen die USA mit der schrittweisen Annäherung an die Volksrepublik. Jetzt unterhielten sie Beziehungen zu allen Ländern Ostasiens. Bereits nach dem Ende des Zweiten Weltkriegs spielte Amerika eine elementare Rolle beim Wiederaufbau Japans und Südkoreas und begünstigte damit den wirtschaftlichen Aufstieg dieser Länder. Die USA sorgten vor allem dafür, dass es zwischen den Kriegsgegnern in Tokio und Seoul nicht zu einem erneuten Aufflammen des Konfliktes kam: Das entmilitarisierte Japan erhielt Schutz von den Vereinigten Staaten. Nach dem Ende des Koreakrieges

1953 blieben US-Soldaten im Süden der koreanischen Halbinsel stationiert. Deren Oberbefehlshaber sollte im Falle eines erneuten Krieges auch als Oberbefehlshaber der südkoreanischen Truppen fungieren. Nachdem die USA nun mit der Volksrepublik China und der Republik China auf Taiwan gleichermaßen ein gutes Verhältnis gesucht hatten, hatten sie auch in diesem Konflikt eine vermittelnde Stellung inne und konnten darauf bauen, dass es sich keine der jeweiligen Konfliktparteien durch einen kecken Vorstoß mit Washington verscherzen wollen würde.

Hongkong hatte bereits in dieser Zeit die Funktion eines Brückenbauers zwischen China und dem Westen inne. Denn mit dem Ende der japanischen Besatzung nach dem Zweiten Weltkrieg fiel die Kronkolonie zurück an das Vereinigte Königreich, wurde aber, wie die Republik China auch, von den Erschütterungen, die Maos Bürgerkrieg mit sich brachte, stark in Mitleidenschaft gezogen.

Aufgrund der Öffnung der Volksrepublik unter Deng Xiaoping gewann Hongkong als Mittlerin zwischen den Welten neue Bedeutung. Besonders nach der Übergabe der Kronkolonie an China 1997 bestand in den Hauptstädten von Washington bis London die Hoffnung, dass eine Liberalisierung und Demokratisierung des Festlands von Hongkong ausgehen würde. Diese Hoffnung ist, wie wir oben bereits gesehen haben, seit Xi Jinpings Amtsantritt Stück für Stück gestorben. Stattdessen trachtet China danach, sein Modell eines Sozialismus mit chinesischen Charakteristika zu exportieren. »One Belt, One Road« schafft als Kernstück dieses neuen Imperialismus eine Abhängigkeit von China, nicht zuletzt in Europa. Der chinesische Markt ist für jedes Unternehmen in entwickelten Volkswirtschaften zu einem eminent wichtigen Importeur geworden. Deutsche Autobauer beispielsweise verkaufen liebend gerne an die dortige aufstrebende Mittelschicht. Für viele Chinesen ist ein Personenwagen aus Deutschland – wie in unseren Breiten vor einem halben Jahrhundert – das Zeichen dafür, dass sie es zu etwas gebracht haben. Während eines Hintergrundgesprächs in kleinem Kreis in Taiwan, bei dem auch deutsche Wirtschaftsvertreter eingeladen waren, sagte mir einer von ihnen: »Im Moment fahren von 100 Chinesen 25 ein Auto. Solange es nicht 75 sind, haben wir einen Markt.« Das bedeute nicht, dass man alles mit sich machen lasse. Aber jeder Konzern sei sich bei seinen Entscheidungen auch immer bewusst, dass ökonomisch einiges auf dem Spiel stehe, sollte man sich vom chinesischen Markt verabschieden müssen. Was für die deutsche Wirtschaft gilt, gilt für andere Exportnationen ebenso.

Für digitale Riesen wie Google und Apple ist der chinesische Markt ebenfalls sehr interessant. Auch sie finden sich bisweilen in prekären Situationen wieder, wenn sie nicht den Geschmack Pekings treffen. So kam es im Zuge der Proteste in Hongkong 2019 zwischen Apple und der Kommunistischen Partei zu einem Zerwürfnis, weil das Unternehmen eine App in seinem Store zuließ, die zeigte, wo in der Stadt es Demonstrationen und Polizeipräsenz gab. Nachdem die App für kurze Zeit verfügbar war, wurde sie schließlich aus dem App Store verbannt. Die Hongkonger Administration behauptete, dass die App von Demonstranten genutzt würde, um Gewalttaten gegen die Polizei zu begehen. Beweise konnten die Behörden keine vorlegen.

Die Unternehmensführung von Google reagierte ähnlich auf Vorwürfe seitens der Hongkonger Administration. Sie verbannte die prodemokratische Videogame-App *The Revolution of Our Times* aus dem Google Play Store, woraufhin etliche der rund 100 000 Mitarbeiterinnen und Mitarbeiter des Konzerns ihre Firma öffentlich für diese Entscheidung kritisierten.

Beide Beispiele, Apple und Google, machen deutlich, wie weit Pekings Arm reicht und welche Kontrolle die Kommunistische Partei bereits ausüben kann. Die Soft Power, die das Land aufgebaut hat, und die Verlockungen seines Marktes machen Exportnationen und Digitalriesen gleichermaßen den Mund wässrig.

In Hongkong treffen sich Ost und West, die Stadt ist seit jeher ein Schmelztiegel der Kulturen. Nun ist sie zum tragischen Spielfeld geworden, auf dem der Wettstreit zwischen zwei politischen Systemen – Demokratie und Autokratie – ausgefochten wird. Man kann sagen: Das Schicksal der freien Welt wird in Hongkong entschieden. Wird es seinen Bewohnern gelingen, ihre Rechte und ihre Demokratie gegen Peking zu verteidigen, oder wird die Sonderverwaltungszone bald von China verschlungen? Der Ausgang dieses Kampfes hängt auch maßgeblich davon ab, wie andere internationale Akteure sich gegenüber der Metropole positionieren und wie sehr sie die demokratische Bewegung Hongkongs unterstützen, darunter (1) die Vereinigten Staaten von Amerika und (2) Europa und besonders die Bundesrepublik Deutschland.

(1) Die Vereinigten Staaten von Amerika: So wie sich das Verhältnis der Volksrepublik China zur Welt mit dem Amtsantritt Xi Jinpings verschlechtert hat, so hat sich

auch jenes der Vereinigten Staaten von Amerika zu China (um nicht zu sagen zum Rest der Welt) mit dem Amtsantritt von Donald Trump drastisch verschlechtert. Auch wenn man mit vielen Thesen in Samuel Huntingtons *Kampf der Kulturen* aufgrund ihres spekulativen Charakters nicht einverstanden sein konnte, so muss man sich jetzt doch sehr wundern, dass die USA drauf und dran sind, ihre Führungsrolle im Westen zu verlieren. Das nämlich konnte sich Huntington nicht einmal in seinen kühnsten Träumen vorstellen.

Donald Trump und Xi Jinping sind sich in ihrem Verhalten sehr ähnlich: Sie weichen extrem von der politischen Ausrichtung ihrer Vorgänger ab. So wie Xi Jinping Chinas moderaten Reform- und Öffnungskurs beendet, so bricht auch Donald Trump mit den Alliierten der USA und lehnt die internationalen Institutionen ab, die von den Vereinigten Staaten selbst mitbegründet worden sind. Sein Slogan »America First!« ist eine Hasserklärung an die liberale, regelbasierte Weltordnung. Seine Politik ist die jener Strongmen, von denen bereits die Rede war: Präsident Trump steht im Grunde für das Recht des Stärkeren, das er aber in einer Demokratie mit ihren auf Gleichberechtigung beruhenden Prinzipien nicht durchsetzen kann. Trump hat mehrfach, zuletzt während der Coronakrise, die Bevölkerung der USA gespalten und mit seinen Äußerungen in Bundesstaaten, die nicht von Republikanern regiert werden, Unruhen provoziert. Er legt damit die Axt an die amerikanische Demokratie, und es ist noch nicht ausgemacht, ob sie seine Präsidentschaft überleben wird.

Dazu kommt, dass die USA keine Demokratie ist, wie sie Ralf Dahrendorf als Modell und Maß vorgegeben hat: Wahlkreise werden beispielsweise neu zugeschnitten, damit die regierende republikanische Partei bei der nächsten Wahl gewinnen wird. Oder die Besetzung der Richter am Obersten Gericht wird vom Weißen Haus politisiert. Das schränkt die Bürgerrechte ein.

Was die Handhabung der sozialen Rechte angeht, so sind die USA das Schlusslicht der westlichen Welt: Es gibt keine allgemeine Gesundheitsversorgung, und diejenigen, die eine Krankenversicherung haben, zahlen dafür bedeutend mehr als anderswo. Die öffentlichen Schulen sind schlecht, ein gutes College kostet ein Vermögen. In einem solchen Umfeld gibt es keine Durchlässigkeit nach oben, keine Meritokratie, die ein Kennzeichen jeder Demokratie sein sollte: Die Staatsbürgerschaft allein, so Dahrendorf – und nicht Herkunft, soziale Stellung oder »Rasse« und Religion – bestimmt den Platz in einer freien, demokratischen Gesellschaft. Jeder und jedem soll vom Staat ermöglicht werden, an der Demokratie und ihren Errungenschaften zu partizipieren. Es liegt an jedem selbst, ob er dieses Angebot annimmt. Aber durch eine gute Ausbildung und ein funktionierendes Gesundheitssystem, um es verkürzt zu sagen, wird eine aktive Teilhabe erst ermöglicht, auf deren Grundlage Bürgerinnen und Bürger als Mündige im Gemeinwesen agieren können.

Die Ideologen der Volksrepublik würden bei allem, was die Bürgerrechte angeht, nicht mitziehen. Im Hinblick auf die sozialen Rechte mag es zwischen den USA und China prinzipiell keinen Dissens geben, auch wenn in der Volksrepublik Bildung und Ausbildung dazu instrumentalisiert werden, die Partei und ihre Prinzipien des Sozialismus zu verherrlichen. Die Hingabe und Opferbereitschaft, die viele chinesische Familien an den Tag legen, um ihren Kindern eine gute Ausbildung – auch im Ausland – zu ermöglichen, zeigen jedoch, welche Wertschätzung Bildung in China behalten hat – trotz der Versuche der Maoisten, die chinesische Kultur in der Kulturrevolution zu zerstören.

Donald Trump ist aus den falschen Gründen hinter China her: Seine dem Slogan »America First!« folgende Agenda ist nichts anderes als stumpfes *bullying* und hat allein die Vorteile der Wirtschaft im Blick. Den Handelskrieg mit der Volksrepublik hat Trump jedenfalls nicht wegen Chinas brutalen Menschenrechtsverletzungen an den Uiguren in Xinjiang eingeleitet oder wegen der Härte, der sich die Demokratien in Hongkong und Taiwan ausgesetzt sehen. Auf dem Höhepunkt der Demonstrationen in Hongkong im Sommer 2019 musste der amerikanische Präsident regelrecht dazu gedrängt werden, die Demonstranten in Hongkong zu unterstützen, da er sich kurz vor einem entscheidenden Durchbruch im Handelsstreit mit China wähnte.

Beide Strongmen, Präsident Trump und Präsident Xi, versuchten zuletzt, den Ausbruch der Covid-19-Pandemie der jeweils anderen Seite in die Schuhe zu schieben: Trump bezeichnete das Virus als »chinesisches Virus«, um alle Chinesen als Träger einer todbringenden Krankheit zu diskreditieren, wohingegen die Propagandisten der Kommunistischen Partei sich zu der Behauptung verstiegen, der US-Geheimdienst hätte das Virus nach China gebracht. Was Autokraten (echte wie Xi Jinping und Wannabes wie Donald Trump) mit einer solchen Strategie der willkürlichen Schuldzuweisung erreichen, ist ein Aufpeitschen der Gefühle in der Bevölkerung.

Sie wollen die niedersten Instinkte in den Menschen wecken und haben Erfolg damit: In den USA hat die Hasskriminalität gegen Menschen, die ostasiatisch aussehen, unter Präsident Trump zugenommen. In China wiederum werden im Rahmen einer politischen Hetze Ausländer als Abfall dargestellt, der von starken chinesischen Männern wacker vom Boden aufgelesen und in Mülltonnen entsorgt werden muss, und Präsident Xi hat Menschen aus Afrika, die in China arbeiten, aus ihren Häusern vertreiben lassen. Um vom eigenen Versagen in der Coronapandemie abzulenken, entwerfen beide Präsidenten einen Sündenbock, dessen Opfertod Reinigung bringen soll. Man soll sich als Chinese beziehungsweise Amerikaner im Inneren seines Landes sicher fühlen mit der Gewissheit, dass ein starker Anführer gegen die Feinde von außen vorgeht – und sie besiegt. Dass die Feinde dabei als niedere Kreaturen dargestellt und in höchstem Maße marginalisiert und diskriminiert werden, tut sein Übriges. So durchschaubar dieses Unterfangen ist, so unlösbar ist der gordische Knoten, den es produziert. Die internationale Ordnung funktioniert nur, wenn der gute Wille da ist, wenn man konstruktiv ist und nicht destruktiv.

Die liberale, demokratische Weltordnung wird mit Leben erfüllt von der wechselseitigen Empathie derer, die sie zu tragen bereit sind. ==Die Bereitschaft, sich in den Anderen und seine Anliegen hineinzuversetzen, ist die Grundlage für eine lösungsorientierte Politik. Das Gegenteil zu diesem Ansatz ist der des Ressentiments.== Es ist der Ansatz der Autokraten: Eine Gruppe wird als Wurzel allen Übels und somit als Feind ausgemacht. Die Vernichtung dieser Gruppe wird zum obersten politischen Ziel. In den USA, die – noch – eine Demokratie sind, werden die auserkorenen Feinde ideologisch und mit Worten erledigt. China hingegen zerstört die Kultur, Sprache und Religion derer, die die kommunistische Führung als ihre Feinde ausmacht: die Uiguren, die Tibeter, die Taiwanesen und die Menschen in Hongkong.

Die Covid-19-Pandemie mit ihren verheerenden Auswirkungen auf die Weltwirtschaft hat in den Hintergrund treten lassen, dass die USA unter Trump und China unter Xi neben einem politischen Wettstreit einen erbitterten Handelskrieg austragen. Die USA sind die stärkste Wirtschaftsmacht der Welt, gefolgt von der Volksrepublik China. Donald Trump beschuldigt China, unfair und mit gezinkten Karten zu spielen und die Wirtschaft der USA durch Billigexporte zu unterminieren. Mit neuen Zöllen auf Produkte aus China wollen die USA das Wachstum des Landes im Osten ausbremsen. Die Volksrepublik wird, nicht nur von den USA, immer wieder bezichtigt, Geschäftsgeheimnisse von ausländischen Firmen mit Sitz in China zu stehlen. Weiter muss man befürchten, dass Kommunikationstechnologie, wie sie die chinesische Firma Huawei bereitstellt, von der KP zur Spionage genutzt wird. Washington hat daher verboten, dass Huawei in den USA operieren darf.

Auch wenn die hier geschilderte Gemengelage zumindest nicht direkt etwas mit der Situation in Hongkong zu tun hat, so liegen die Parallelen doch auf der Hand: Auch im beschriebenen Handelskrieg hält Peking sich nicht an gemachte Absprachen und unterzeichnete Verträge. *Pacta sunt servanda?* Weit gefehlt! So einfach ist das nicht mit Peking und seiner Kommunistischen Partei:

Die Volksrepublik pocht auf die Einhaltung der Regeln der World Trade Organisation außerhalb ihrer Landesgrenzen, doch innerhalb Chinas sieht es anders aus.

(2) Europa und die Bundesrepublik Deutschland: Der Umgang Chinas mit der Covid-19-Pandemie veranlasste den deutschen Europapolitiker und Vorsitzenden der Delegation für die Beziehungen zur Volksrepublik China Reinhard Bütikofer dazu, von einem sich drastisch verschlechternden Verhältnis, von einer »Entfremdung« zwischen Europa und der Volksrepublik zu sprechen. Bütikofer sagte, dass China eine »Gesichtsmaskendiplomatie« betreibe, mit dem Ziel, weiter in die EU vorzudringen und deren politische Haltung zu beeinflussen. Allerdings gibt er den europäischen Partnern die Mitschuld, da sie durch unterlassenes solidarisches Tun beispielsweise die Italiener dazu gedrängt hätten, Chinas Hilfsangebot anzunehmen.

Die EU betrachtet China in einem strategischen Papier von 2019 als »Partner, Mitbewerber und systematischen Rivalen«. Diese Zuschreibung scheint bereits Ausdruck einer sich eintrübenden Stimmung zu sein. Die Europäische Union unterhält seit 1975 bilaterale Beziehungen zur Volksrepublik, zu deren Gunsten sie das Verhältnis zur Republik China – Taiwan – aufgab. Aus dieser frühen Bestimmung lässt sich schließen, dass die EU, wie die Vereinigten Staaten, in der Zusammenarbeit mit China überwiegend ökonomische Chancen erkannte. Die EU ist Chinas größter Handelspartner, die EU für China nach den Vereinigten Staaten der zweitgrößte. Die Europäische Union unterhält außerdem seit 1995 einen Menschenrechtsdialog mit der Volksrepublik, deren permanente Verletzungen der Menschenrechte in Brüssel und Straßburg kein Geheimnis sind.

Mit Hongkong unterhält die EU, ähnlich wie die USA, ein bilaterales Handelsabkommen. Die autonome Sonderverwaltungszone hat das Recht, eigene Handelsabkommen zu schließen, und braucht dafür keine Genehmigung der Volksrepublik. Gleichzeitig torpediert China mit seinen regelmäßigen Angriffen auf Hongkongs Eigenständigkeit die wirtschaftliche Prosperität der Stadt. Wenn es zu den materialen Gegenständen des Handelskriegs zwischen den Vereinigten Staaten und China kommt, also zur Verletzung von geistigem Eigentum, zum Abschöpfen von Geschäftsgeheimnissen, steht die EU auf Seiten der USA. Aus europäischen Ländern wie der Bundesrepublik hört man schon lange, dass man es leid ist, Pekings Stehlen von intellektuellem Eigentum und Geschäftsgeheimnissen weiter tatenlos zuzusehen, und doch hat man es bisher einfach hingenommen – auch in Deutschland. Der chinesische Markt ist schlicht und ergreifend zu wichtig, als dass man riskieren wollte, ihn wegen solcher Vergehen zu verlieren, von Chinas systematischen Menschenrechtsverletzungen ganz zu schweigen.

Das rächt sich nun, denn die politisch-ideologische Seite Chinas lässt sich nicht konsequent von der ökonomischen trennen, wie mir ein deutscher Wirtschaftsvertreter in Hongkong erklärte. Volkswagen sollte ein teures Werk in der Provinz Xinjiang errichten, weil die Volksrepublik es so verlangte. Aus europäisch-rechtsstaatlicher Sicht könnte man denken, dass diese Maßnahme einen entwicklungspolitischen Sinn ergibt und dazu beitragen soll, das großflächige autonome Gebiet im äußersten Westen der Volksrepublik auch am Wirtschaftsboom teilhaben zu lassen. Nun sieht sich der deutsche Konzern aber plötzlich in der Pflicht, seine Präsenz in der Region, in der China die muslimischen Uiguren in Umerziehungslager sperrt, zu verteidigen. Für einen Konzern, dessen Wurzeln ins Dritte Reich und auf Adolf Hitlers Traum von einer mobilen deutschen Gesellschaft zurückgehen, ist das nicht nur makaber, sondern auch imageschädigend. VW gab zu Protokoll, dass der Standort rein ökonomischen Gesichtspunkten geschuldet sei. Aber wenn man bedenkt, dass das Bundesland Niedersachsen 20 Prozent der Anteile an dem Automobilkonzern innehat, bekommt jede einzelne Entscheidung immer auch eine zutiefst politische Relevanz.

Von Xinjiang und den Uiguren weiß die Welt erst seit 2017. Hongkong ist hingegen spätestens seit 1997, als die Volksrepublik die Souveränität und Kontrolle über die Weltstadt übernahm, im Bewusstsein der Öffentlichkeit. Die regelmäßig wiederkehrenden Berichte über Proteste gegen China haben die einen sensibilisiert und die anderen ermüdet. Verglichen mit Xinjiang, mag man attestieren, stehe Hongkong ja nicht so schlimm da. Was man dabei nicht vergessen darf: Die Ideologen und Propagandisten der Volksrepublik haben die genannten Schauplätze immer im Auge und wissen ganz genau, dass ein Erfolg an einem Ort einen Vorteil an all den anderen nach sich ziehen wird. Hongkong hat eine Signalwirkung in die Welt, mit der Xinjiang leider nicht mithalten kann.

Die Covid-19-Pandemie hat die Debatte über Chinas Machenschaften und seine Ansprüche an die internationale Ordnung, an der die Volksrepublik teilhaben will, noch einmal neu befeuert. Die Stadt Wuhan war bereits abgesperrt, da konnte man von Hongkong und von jeder anderen chinesischen Stadt aus noch in die Welt fliegen. Ich erinnere mich an Statusangaben in den sozialen Netzwerken von Freunden, die angaben, wie leicht es sei, von Shenzhen nach Hongkong zu gelangen und von dort aus wegzufliegen.

Auch Reinhard Bütikofer begründet das neue, heute wieder schlechtere Verhältnis zwischen der EU und der Volksrepublik mit Chinas ungenügendem Krisenmanagement. Es mehren sich die Indizien, dass die KP Chinas das wahre Ausmaß der Katastrophe absichtlich verheimlicht und mithilfe ihres Einflusses in der Weltgesundheitsorganisation dafür gesorgt hat, dass die öffentlichen Berichte über Chinas Umgang mit dem Virus immer mit der WHO abgestimmt wurden. Jetzt, da immer mehr Details ans Licht kommen, verweigert sich China auch jeder medizinisch-wissenschaftlichen Untersuchung des Virus, seiner Entstehung und Verbreitung. Die Funktionäre der KP behaupten, dass solche Recherchen China politisch schwächen sollen, aber ist es nicht vielmehr so, dass in Wuhan gewonnene Erkenntnisse der globalen Eindämmung des Virus dienen könnten? China hat, sagt Bütikofer, und er ist damit nicht allein, jeden Goodwill in Europa verspielt.

Das Bundesverteidigungsministerium warnte laut einem Bericht des *Spiegels* bereits im März 2020 davor, dass Peking im Zusammenhang mit dem tödlichen Virus eine offensive Fehlinformationskampagne veranstalten würde. Jede chinesische Hilfslieferung in ein westliches Land werde von einer intensiven Medienarbeit begleitet, die einzig und allein zum Ziel habe, herauszustellen, dass die Länder des Westens nicht von ihren Partnern unterstützt werden, sondern nur von der Volksrepublik. Für Peking ist es dabei unerheblich, dass viele der Testkits, die als Teil der Hilfsgüter nach Europa kamen, fehlerhaft und unbenutzbar waren. Hauptsache, die Propagandamaschinerie lenkt vom eigenen Versagen ab und stärkt die Behauptung, die USA hätten das Virus nach China eingeschleust.

Angesichts einer Neuausrichtung des Verhältnisses zwischen Berlin und Peking kann man auch das Verhältnis zwischen der Bundesrepublik und Taiwan wieder neu betrachten. Die Bundesregierung dankte dem Inselstaat für die – fehlerfreien – Hilfsgüter, und Taiwan, welches das Coronavirus auf seinem Territorium transparent und offensiv einzudämmen in der Lage war, erlangte internationale Glaubwürdigkeit durch die soliden Hilfen – und ohne jegliches Tamtam, wie man es von Peking kennt.

Die wichtigsten Akteure auf der Weltbühne, die USA, Großbritannien, die Mitgliedstaaten der EU, haben begonnen, ihr Verhältnis zu China grundlegend zu hinterfragen und neu zu ordnen. In der Vergangenheit waren sie vor einem solchen Schritt aus Furcht, den Zugang zum chinesischen Markt zu verlieren, zurückgeschreckt.

Was das Verhältnis der Vereinigten Staaten, der Europäischen Union und der Bundesrepublik zu China angeht, so sind in der jüngeren Vergangenheit einige Punkte zusammengekommen – internationaler Handelskrieg, Tibet, Xinjiang, Taiwan, Hongkong und Covid-19 –, die eine generelle Neuevaluierung erfordern. Der Wunsch, in Chinas Gunst zu stehen, wog allerdings während der vergangenen drei Jahrzehnte immer stärker als eine klare Distanzierung zur Volksrepublik.

Die einzig wirkliche Neubewertung der Beziehungen zu China haben die USA unter Präsident Trump vorgenommen. Wie auch immer man zu ihm und seiner Regierung eingestellt ist, eines ist sicher: Die Tektonik der internationalen Beziehungen ist durch Donald Trump gründlich in Bewegung geraten. Er mag all dies, was er gegenüber China unternimmt, nur mit Blick auf seine Wähler tun, die – angeheizt durch seine Slogans »America First!« und »Make America Great Again« – jetzt konkrete Schritte erwarten. Seinem Beispiel folgen aber auch andere: Japan hat für Firmen, die ihre Produktion von China zurück nach Japan verlagern, zwei Milliarden Dollar bereitgestellt. Auch taiwanesische Unternehmen, die auf dem Festland produzieren, kehren auf die Insel zurück oder testen Vietnam und Kambodscha als neue Produktionsstandorte. Einige sehen die von Japan und den USA unternommenen Maßnahmen als einen Rückschritt im Hinblick auf die durch die Globalisierung erreichten Handelsbeziehungen.

Einige meiner Freunde in Hongkong und Taiwan sind der Meinung, dass sich Präsident Xi in einer Art Größenwahn verzockt. Er habe Chinas Macht und seine Rolle auf dem politischen Parkett der Welt als zu groß eingeschätzt und nicht mit einer solchen Gegenreaktion gerechnet. Für die Welt aber sei die Erkenntnis, dass China nicht zu dem Partner würde, den man sich gewünscht hat, gerade noch im richtigen Augenblick gekommen. Der Imperialismus, den China den ehemaligen Kolonialmächten – zu Recht – anlastet, findet seinen Wiedergänger nämlich in Pekings »One Belt, One Road«-Initiative. Sie treibt Länder dazu, sich zu verschulden, ihre Infrastruktur zu verpfänden und sich so zu gefügigen Vasallen Pekings und der KP zu machen. Xi rechnet damit, dass der Erdball sich so lange vor Chinas Marktmacht verneigt, bis aus der ökonomischen Verflechtung eine veritable Abhängigkeit entsteht.

Das klassische China sah sich als Reich der Mitte, als das Zentrum der Welt. Je weiter man sich in konzentrischen Kreisen von diesem Mittelpunkt entfernte, desto trauriger und düsterer wurde es. Der chinesische Kaiser trug nicht von ungefähr den Titel »Sohn des Himmels«. Als die Briten – aus des Hofes Sicht von sehr weit her – an Chinas Küsten landeten, soll der Kaiser die britische Monarchin Victoria dafür bemitleidet haben, dass ihr Königreich so weit weg sei. Sie dürfe ihm, dem Sohn des Himmels, Geschenke überreichen und es ansonsten auf sich bewenden lassen. Es scheint mir manchmal, als ob Xi Jinping die Rolle des Sohns des Himmels im Reich der Mitte für sich in Anspruch nehmen möchte. Dass er seine und Chinas Möglichkeiten für den Moment überschätzt hat, mag nicht falsch sein. Aber in einer Autokratie, in der es eher paranoid als rational zugeht, kann das Reaktionen zeitigen, auf die der Rest der Welt nicht vorbereitet ist. Hongkong ist nun im Blickpunkt Pekings, und China wird alles daransetzen, die autonome Region völlig unter seine Knute zu zwingen, um der Welt und den Chinesen zu Hause zu beweisen, dass man so stark ist, wie Präsident Xi es sagt.

Taiwan und Hongkong:
im Dauerkonflikt mit China

Hongkong hat seit 1997, als die Kronkolonie von den Briten an die Volksrepublik China zurückgegeben wurde, Demonstration auf Demonstration folgen sehen. Damit wehrten sich die Hongkonger gegen die Einflussnahme Pekings auf die Geschicke ihrer Stadt. Die Kommunistische Partei nutzt bei ihren Angriffen auf die Demokratie und Eigenständigkeit Hongkongs immer das gleiche Schema: Mittels eines neuen Gesetzes sollen jene, die auf den Sonderstatus der Stadt pochen, eingeschüchtert und mundtot gemacht werden.

Das wurde zum ersten Mal im Jahr 2003 deutlich. Damals sollten mithilfe eines Sicherheitsgesetzes jene angeklagt, verurteilt und auf Spur gebracht werden, die ihre Gedanken zu Hongkongs demokratischer Zukunft öffentlich kundtaten. Ihnen hätte mit dem neuen Gesetz Verschwörung oder Verrat vorgeworfen werden können. Das Vorhaben eines sogenannten Sicherheitsgesetzes stützte sich dabei auf den Artikel 23 des Basic Law, der Verfassung Hongkongs. Darin heißt es, dass Hongkong sich selbst Gesetze geben kann, die seine Sicherheit betreffen. Peking legt diese Passage jedoch zu seinen eigenen Gunsten aus: Es ginge hierbei nicht um die Integrität Hongkongs, die zu schützen wäre, sondern um jene der Volksrepublik China. Die Hongkonger sahen das anders und strömten bei schwülem Juliwetter auf die Straßen, um gegen China zu demonstrieren. Wer Bilder von damals mit jenen der Demonstrationen aus den Jahren 2014 und 2019 vergleicht, wird große Ähnlichkeiten feststellen.

Die Proteste im Jahr 2003 förderten eine große zivilgesellschaftliche Allianz zutage: Lehrerverbände, Gewerkschaften und Vertreter der Religionsgemeinschaften gleichermaßen sahen sich in ihren Rechten und Möglichkeiten durch die Aussicht dieses Sicherheitsgesetzes beschnitten. Für die einen stand die Unabhängigkeit des Schulwesens auf dem Spiel, für andere die Attraktivität des Wirtschaftsstandorts. Dritte wiederum sahen die Religionsfreiheit in der Stadt schwinden. Deutlich wurde bei diesen Protesten, dass Hongkong, anders als das chinesische Festland, über eine breite aktive Bürgerschaft verfügt, die bereits in der Spätzeit der britischen Herrschaft angefangen hatte, sich politisch zu artikulieren. Dieser Eindruck hat sich seitdem verfestigt. Sollte Peking wirklich jemals gedacht haben, Hongkong im Handstreich übernehmen zu können, dann hat es die Metropole massiv falsch eingeschätzt. Einmal errungene Freiheiten möchten die Hongkonger nicht wieder aufgeben.

Und so gaben die Demonstranten des Jahres 2003 nicht klein bei: Sie trugen schwarze T-Shirts zum Zeichen der Trauer und aufgespannte Regenschirme gegen die Glut der Sonne. Sowohl die schwarzen T-Shirts als auch die Regenschirme kehrten in den Demonstrationen der Jahre 2014 und 2019 wieder und zeichnen so die Kontinuität eines Kampfes, den die Menschen Hongkongs seit 17 Jahren gegen die Unterjochungsversuche

Chinas führen. Die Proteste 2014 sind sogar nach den Regenschirmen benannt. Die Menschen nutzten sie, um sich gegen das Tränengas der Polizei zu schützen. Schläger in weißen T-Shirts verprügelten im Sommer 2019 gezielt Menschen in schwarzer Kleidung, gleich, ob diese an Demonstrationen teilgenommen hatten oder nicht. Die bewusste Wahl der abgrenzenden Farbe Weiß, die der prügelnde Mob trug, zeigt, wie sehr die schwarzen T-Shirts zu einer Konstante der Demokratiebewegung geworden sind.

Warum kämpfen die Menschen so beharrlich und, bislang, erfolgreich gegen Peking? Was gibt ihnen die Kraft dazu? Es ist ihr Glaube an den rechtlichen Status Hongkongs, der ihnen zugesichert ist und dem zufolge sie im Recht sind, wenn sie gegen Chinas Bestreben aufbegehren. Bei der Rückgabe 1997 wurde Hongkong vertraglich zugesichert, dass die Stadt ihre Selbstverwaltung behalten und darüber hinaus ab dem Jahr 2007 freie demokratische Wahlen würde durchführen dürfen. An diese vertraglich gegebenen Zusagen hat sich Peking nie gehalten. Die Volksrepublik ist gegenüber den Hongkongern, den Briten und der Weltgemeinschaft wortbrüchig geworden.

Die Proteste gegen das Sicherheitsgesetz im Jahr 2003 waren erfolgreich. Das hinderte Peking nicht an einem erneuten Anlauf, die Demokratie in Hongkong zu sabotieren und die für 2007 angesetzte erste demokratische Wahl platzen zu lassen und um sieben Jahre zu verschieben. 2014 wurde den Menschen in der Stadt dann schließlich mitgeteilt, dass sie nur jene wählen dürfen, die nach vorheriger Prüfung und mit Genehmigung Pekings auf der Wahlliste landen. Diese Farce löste die

Regenschirm-Demokratiebewegung aus, die ebenfalls Hunderttausende Menschen auf die Straße brachte.

Peking nutzt diese Demonstrationen jedes Mal, um die Protestierenden als gesetzlose Gesellen und Randalierer darzustellen. Wer von der Polizei beim Demonstrieren verhaftet und später von einem Gericht wegen der Teilnahme verurteilt wird, der darf sich bei einer Wahl nicht mehr als Kandidat zur Verfügung stellen. Auf diese Weise entledigen sich die kommunistischen Machthaber der Galionsfiguren der Bewegung. Das ist der Grund, warum Peking im späten April 2020 in Hongkong 15 prominente Vertreter des demokratischen Lagers wegen ihrer Teilnahme bei den Protesten im Jahr 2019 verhaften ließ. Darunter war auch der mittlerweile 81-jährige Jurist Martin Lee, der am Basic Law mitgeschrieben hatte und deshalb von den Menschen in Hongkong liebe- und respektvoll »Vater der Demokratie« genannt wird.

In Hongkong veranstaltet die Kommunistische Partei einen Spießrutenlauf mit den Menschen, die für ihre Rechte auf die Straße gehen und dafür in Kauf nehmen, verhaftet und bestraft zu werden. Sie sollen physisch und psychisch mürbe gemacht werden, und Peking hat keinerlei Skrupel, seinen Willen durchzusetzen. Das Recht auf Gewissens-, Meinungs- und Versammlungsfreiheit soll unwiederbringlich geschleift werden. Die Stigmatisierung der Protestbewegung dient auch dazu, potenziellen Nachahmern in der Volksrepublik zu bedeuten, was sie erwartet, sollten sie mehr Freiheit fordern.

Pekings Vorgehen in den Jahren 2003, 2014 und 2019 legt dieses Muster offen. Dabei zeigt sich, dass die Kommunistische Partei einen langen Atem hat. Peking hat bereits mit dem nächsten Anlauf begonnen, die Menschen nach demselben Muster zu drangsalieren wie schon in der Vergangenheit. Wenn Präsident Xi und seine KP sich durchsetzen, dann ist die Demokratie in Hongkong, dann ist »Ein Land, zwei Systeme« bis zum Wahltag Geschichte.

Die Feststellung, dass Peking sich niemals an die bei der Rückgabe gegebenen Zusagen halten wollte, ist so traurig wie plausibel. Vielmehr wurde in Peking von Tag eins an daran gearbeitet, die Autonomie Hongkongs zu zerstören und die Menschen dort, wie auf dem Festland, unter der Knute der Kommunistischen Partei gleichzuschalten.

Zwei Länder, ein System: die Geschichte eines Fehlschlags

Die Rückgabe Hongkongs an China durch Großbritannien sollte so verlaufen, dass die Stadt – zumindest für eine bestimmte Zeit – ihren ganz eigenen Charakter behalten könne, einen Charakter, dessen Bestandteile im Basic Law festgeschrieben wurden. China erklärte sich damit einverstanden, der Metropole diesen Status bis zum Jahr 2047 zu garantieren. Diese Unternehmung wurde von Peking auf die Formel »Ein Land, zwei Systeme« gebracht. Freiheitliches Gemeinwesen und Kapitalismus sollten so in der Sonderverwaltungszone Hongkong innerhalb der Volksrepublik China weiter bestehen bleiben.

Der Begriff »Ein Land, zwei Systeme« wurde von Deng Xiaoping geprägt. Die Idee dahinter ist einfach: Deng wollte erreichen, dass die beiden ehemaligen Bürgerkriegsparteien China und Taiwan sich unter diesem versöhnlichen Motto wieder näherkämen und am Ende zusammengeführt werden könnten. Das Konzept einer solchen Wiedervereinigung wurde auch auf Hongkong übertragen und 1997 verwirklicht. Seitdem achtet man in Taiwan sehr genau darauf, wie die Zusammenführung von Hongkong und dem chinesischen Festland funktioniert. In Hongkong wiederum weiß man Taiwan als Partner zu schätzen, der an der Seite der Stadt und ihrer Bevölkerung steht wie zuletzt im Jahr 2019. Der Welt ist die Formel »Ein Land, zwei Systeme« vor allem im Zusammenhang mit Hongkong bekannt und nur wenig mit Taiwan. Deshalb sei hier ein kurzer Blick auf die Geschichte der jungen Inselnation geworfen, um die Formel zu verstehen und ihre Bedeutung für die Region, besonders auch für Hongkong, einordnen zu können.

Im Jahr 1912 endete die Kaiserzeit in China, und die »Republik China« wurde ausgerufen. Ihr erster Präsident Sun Yat-sen war zugleich der Vorsitzende der neu gegründeten Kuomintang-Partei (KMT). Zwischen 1927 und 1949 herrschte in der noch jungen Republik China ein Bürgerkrieg gegen die kommunistischen Rebellen unter Mao Zedong. Mao und seine Truppen waren schließlich siegreich. Die legitime Regierung der Republik China floh unter Sun Yat-sens Nachfolger Chiang Kai-shek auf die Insel Taiwan, die nach dem Ende der japanischen Besatzung 1945 an die Republik China zurückfiel.

Im Namen des Inselstaats lebt die »Republik China« weiter, es ist bis heute der offizielle Name Taiwans. Die Volksrepublik wiederum versucht Taiwan, seine Verbündeten und den Rest der Welt unter Druck zu setzen und andere Namen für die Insel zu akzeptieren. So wird bei internationalen Sportveranstaltungen Taiwan als »Chinese Taipei« bezeichnet, um der Volksrepublik zu suggerieren, dass Taiwan unter ihrer Souveränität sei. Die Volksrepublik setzt zudem Hotelketten und Fluggesellschaften unter Druck, Taiwan auf ihren Webseiten nicht als eigenständige Nation anzuführen, sondern als Teil Chinas. So soll Schritt für Schritt das historische Gedächtnis geschwächt werden, dem zufolge die Republik China das »eigentliche« China war.

Taiwan wurde nach dem Bürgerkrieg zum Refugium von rund zwei Millionen Menschen, die aus Furcht vor Maos Truppen mit Dokumenten und Kunstwerken vom Festland auf die Insel flüchteten mit der Absicht, dort eine Exilregierung zu errichten. In der Vorstellung Chiang Kai-sheks und seiner Zeitgenossen konnte es nur eine Frage der Zeit sein, bis sich die republikanischen Kräfte wieder sammeln und zu einem erneuten Schlag gegen Mao und seine Gesellen ausholen würden.

Die zwei Millionen Neuankömmlinge wurden von den sechs Millionen Inselbewohnern nicht gerade überschwänglich willkommen geheißen. Nach einigen, auch blutigen Auseinandersetzungen verhängte die KMT das Kriegsrecht über Taiwan. Es sollte für vier Jahrzehnte gelten. Rund 140 000 Menschen wurden in dieser Zeitspanne, die als »Weißer Terror« berüchtigt wurde, in Lager gesperrt; zwischen 3000 und 4000 sollen exekutiert worden sein. Ab Beginn der achtziger Jahre des letzten Jahrhunderts wurde das Land unter Chiang Kai-sheks Sohn Chiang Ching-kuo schrittweise demokratisiert. Taiwan hatte sich, wie Japan und Südkorea auch, in der Zwischenzeit zu einem der asiatischen Tigerstaaten entwickelt, dessen selbstbewusste neue Mittelklasse eine

Öffnung favorisierte. Die Demokratische Fortschrittspartei, die heute mit Präsidentin Tsai Ing-wen an der Macht ist, wurde 1986, damals noch formell illegal, gegründet. Die Öffnung des Landes war zu dem Zeitpunkt allerdings schon so weit vorangeschritten, dass es zu keiner Verfolgung der Partei und ihrer Anhänger kam.

Dengs Reformansatz »Ein Land, zwei Systeme« mag in den Jahrzehnten der Alleinherrschaft der KMT vor allem ein ökonomisches und kein politisches Integrationsprojekt gewesen sein, immerhin war keines der beiden Länder eine Demokratie. Das änderte sich Ende der achtziger Jahre, als die Sowjetunion unterging und eine Welle der Demokratisierung über den Erdball fegte. Der Ruf nach Freiheit wurde in Peking auf dem Platz des Himmlischen Friedens von Panzern überrollt. Die Kommunistische Partei fürchtete um ihre Vormachtstellung. Ihr war jedes Mittel recht, auch der Mord an den Demonstrierenden, um ihre Macht zu festigen und zu erhalten.

In Hongkong arbeitete die britische Besatzungsmacht in den Jahren vor der Rückgabe bereits daran, der Stadtbevölkerung demokratische Rechte zu geben, die dann bei der Rückgabe erhalten bleiben würden. In Taiwan fanden 1996 die ersten freien Wahlen statt. Beide, Hongkong und Taiwan, waren nun nicht mehr nur durch ihr Wirtschaftssystem vom chinesischen Festland verschieden, sondern auch durch die demokratischen Weichenstellungen, die sie vorgenommen hatten. »Ein Land, zwei Systeme« war unter dieser neuen Voraussetzung für Peking zu einem Albtraum geworden. Hongkong und Taiwan aber verbindet seit dieser Zeit mehr miteinander als mit der Volksrepublik China. Die Ausprägung eigener lokaler Identitäten an beiden Orten und der intensive Kontakt, den beide Partner miteinander haben, belegen das.

Unter dem zunehmenden Druck Chinas wird für Hongkong ein weiterer Akteur immer wichtiger: die ehemalige Kolonialmacht Großbritannien. Sie ist der Vertragspartner der Volksrepublik, die beiden Parteien haben die Rückgabe der ehemaligen Kolonie verhandelt. Die Demonstranten, die im Sommer 2019 den Legislative Council Hongkongs besetzten, hängten im Plenarsaal die britische Fahne auf, um die Verbundenheit mit Großbritannien zu bekunden und den ehemaligen Besatzer als Schutzmacht anzurufen. Ein verheerenderes Zeugnis als dieses konnte den neuen Herren über Hongkong, der Zentralgewalt in Peking, nicht ausgestellt werden. Das Verhältnis zwischen der Volksrepublik und Großbritannien ist ohnehin keineswegs spannungsfrei.

So hatte Peking bereits in den achtziger Jahren des letzten Jahrhunderts während der ersten Gespräche über die Rückgabe Hongkongs die Briten unter Druck gesetzt, in der Stadt keine demokratischen Lockerungsübungen zu machen. Die kommunistische Führung Chinas unterband eine Beteiligung der Einwohner Hongkongs bei den Gesprächen, die zur »Sino-British Joint Declaration« und damit zur Neuordnung der Stadt unter chinesischer Herrschaft führen sollte. In der Erklärung, die beide Parteien am Ende als Grundlage des Basic Law, Hongkongs Verfassung, unterzeichneten, ist dennoch viel von einem allgemeinen demokratischen Wahlrecht die Rede, das den Menschen erlaubt, ihre politische Führung selbst zu wählen. Daraus wurde bis zum heutigen Tage nichts. Bei den Wahlen 2014 durften die Hongkonger nur Menschen wählen, die Peking vorher auf den Listen erlaubt hatte. Großbritannien bezeichnete den Vertrag mit der Volksrepublik daraufhin als *void*, als ungültig.

In Hongkong und in Taiwan jedenfalls ist man davon überzeugt, dass »Ein Land, zwei Systeme« keine Zukunft hat. Chinas Verhalten hat zudem bewirkt, dass sich an beiden Orten eigene Identitäten herausgebildet haben, die Demokratie und Menschenrechte in den Mittelpunkt stellen. Unter diesen Gegebenheiten ist es nahezu unvorstellbar, dass Peking einen neuen Vorstoß zu einer fairen, gleichberechtigten Integration der Region macht. Die Rhetorik, die Xi Jinping gegenüber Hongkong und Taiwan an den Tag legt, weist vielmehr diametral in die andere Richtung: Beide könnten mit Waffengewalt zur Unterwerfung gezwungen werden.

Regenschirm und Sonnenblume: die Opposition gegen Xi Jinpings China

2014 kam es in Hongkong zur ersten großen Protestwelle gegen den damals noch recht frisch ins Amt gekommenen chinesischen Machthaber Xi Jinping. Grund dafür war die Entscheidung, nur solche Menschen auf die Wahllisten für den Legislative Council zu nehmen, die Peking genehm waren, ein klarer Verstoß gegen alle von China gemachten Zusagen. Das United Nations Human Rights Committee kritisierte den Schritt Pekings und forderte Xi Jinpings Regierung auf, allgemeine und freie Wahlen zuzulassen. China wies die Kritik zurück, obschon das Land 1998 den Internationalen Pakt über bürgerliche und politische Rechte (»International Covenant on Civil and Political Rights«) der Vereinten

Nationen unterzeichnet, später allerdings nicht ratifiziert hatte. Der Pakt garantiert den Bürgerinnen und Bürgern der unterzeichnenden Länder das Recht auf Leben, Religionsfreiheit, Versammlungs- und Redefreiheit sowie Wahlrecht und das Recht auf einen fairen Prozess. Da die Volksrepublik nicht einlenkte, begannen am 22. September 2014 in Hongkong Proteste, initiiert von Studierenden, die zentrale Plätze der Stadt besetzten.

Am 1. Oktober kehrten etliche von ihnen, darunter auch der mittlerweile international bekannt gewordene Joshua Wong der chinesischen Flagge aus Protest den Rücken. In den darauffolgenden Tagen kam es zu Auseinandersetzungen zwischen der Polizei und den Studierenden. Die Regierung unter der pekingtreuen Carrie Lam denunzierte die Protestierenden gemäß der Strategie, die schon zuvor angewandt worden war, als gewaltbereite Subjekte und Rebellen. Sie drohte zudem damit, alle Proteste durch die Polizei auflösen zu lassen. An den Tagen bis zum 14. Oktober kam es dann auch zur Räumung von Straßenbarrikaden. Die Polizei ging rabiat gegen die Demonstranten vor. Am 15. Oktober verschleppten sieben Polizeibeamte den Aktivisten Ken Tsang und misshandelten ihn heftig mit Fausthieben und Fußtritten. Die Beamten wussten nicht, dass sie dabei von einem Reporter gefilmt wurden. Am Morgen danach konnte man die Bilder des Gewaltexzesses im Fernsehen verfolgen. Im Mai 2015 wurden die sieben Polizeibeamten, die Tsang verprügelt hatten, zu zwei Jahren Haft verurteilt, ein Strafmaß, das in den folgenden Jahren verkürzt wurde. Tsang selber wurde ebenfalls angeklagt wegen Widerstand gegen die Staatsgewalt und Tätlichkeiten gegen Polizeibeamte und zu sechs Monaten Gefängnis verurteilt. Die Initiatoren der Protestbewegung und andere Beteiligte wie Joshua Wong wurden zu Gefängnisstrafen verurteilt. Während der Zeit meines Aufenthalts in Hongkong von 2017 bis 2018 waren die Proteste immer noch in aller Munde. Die Prozesse zogen sich über Jahre hin, sodass Hongkongs Einwohner stets an die Proteste erinnert wurden und damit an die Konsequenzen, die ihnen drohten, sollten sie ihre Rechte wahrnehmen und auf der Straße für eine bessere Politik demonstrieren.

Aus der Regenschirmbewegung ging die Demosisto-Partei hervor, deren Kandidaten 2016 zur Wahl des Legislative Council antraten. Der Spitzenkandidat, Nathan Law, wurde zwei Jahre später gemeinsam mit drei weiteren Abgeordneten aus der Volkskammer geworfen, weil Peking ihnen Separatismus unterstellte. Das Beispiel Nathan Law illustriert hier exemplarisch das Vorgehen Pekings, um Befürworter der Demokratie aus der politischen Öffentlichkeit zu verbannen.

Ich habe Nathan Law während meines letzten Aufenthalts in Hongkong im Juli 2019 getroffen. Law, der mit nur 23 Jahren für sein Engagement in der Pro-Demokratie-Bewegung ins Parlament gewählt wurde, gibt sich im Gespräch keinen Illusionen hin, was China betrifft. Er sagt aber auch, dass die Pro-Demokratie-Bewegung aus der Vergangenheit gelernt und sich dieses Mal anders aufgestellt habe. So gäbe es keine Leitfiguren mehr, wie er oder Joshua Wong es für die Regenschirmbewegung waren. Man habe jetzt alle Bevölkerungsschichten erreicht, operiere dezentral und mit der Hilfe digitaler Technologie weitestgehend wie ein intelligenter Schwarm. Anführer seien also nicht mehr nötig. Law, der

Pekings Durchgreifen am eigenen Leib erlebt hat, darf nicht mehr bei der Wahl antreten. Nach seiner Demission wurde sein frei gewordener Sitz neu vergeben.

Am Beispiel der Demosisto-Partei wird deutlich, dass es Pekings Strategie ist, die Demokratiebewegung nicht nur als revolutionär und aufrührerisch zu diskreditieren in der Hoffnung, dass sie so an Zustimmung verlieren würde (eine Strategie, die bei den Regionalwahlen im November 2019 nicht aufging), sondern auch, ihren Kandidaten den Zugang zu den Institutionen zu verwehren, in denen sie Peking auch nur einen Hauch an Vorherrschaft und Dominanz kosten könnte. Dabei hat die Demokratiebewegung weder 2003 noch 2014 oder 2019 die Unabhängigkeit von China zu einer ihrer Forderungen gemacht. Ihr geht es vielmehr darum, die von Peking zugesagte Autonomie, die die Einführung demokratischer Wahlen für den Legislative Council beinhaltet, durchzusetzen.

In der Konsequenz, ganz im Sinne der Zentrum-Peripherie-Theorie von Brian Fong, entstanden die Rufe »Hongkong ist nicht China« als eine Form der bürgerlichen Notwehr in einer Situation, in der die Freiheitsrechte der Menschen mehr und mehr von der Zentralmacht in China eingeschränkt wurden. Mag es in Hongkong nicht so zugehen wie in Xinjiang oder Tibet, die dahinterstehende Denkweise ist dieselbe: die Peripherie planieren und zentralistisch abrichten. In Hongkong wie andernorts werden verschiedene, stets heftigere Mittel eingesetzt, um die Menschen zu zermürben. Pekings Stärke ist das Durchhaltevermögen der Partei. Sie kann auf eine schier unerschöpfliche Ressource an Menschen zugreifen, die im Apparat die Überwachung und Steuerung an Orten wie Hongkong vornehmen sollen.

Hongkongs Bewohner waren bereits vor der umstrittenen Entscheidung, nur genehmigte Kandidaten auf die Wahllisten setzen zu dürfen, auf der Zinne, weil ein neu einzuführendes Schulfach – »Patriotismus« – unter dem Verdacht stand, die Rechte der Sonderverwaltungszone zu beschneiden. Auch diese Maßnahme kann nicht gesondert und für sich stehend betrachtet und verstanden werden, sondern vielmehr als ein Element jener langen Kette, die Peking schmiedet, um am Ende die Autonomie Hongkongs zu brechen. Der Einband der Erstausgabe des zum Fach gehörenden Schulbuchs zeigte einen Geldschein chinesischer Währung mit einem Porträt von Mao, obgleich Hongkong eine eigene Währung hat. Einige tausend Menschen, darunter etliche Lehrer, protestierten bereits 2012 gegen das neue Fach. Man kann die Zeit seit der Übergabe Hongkongs im Jahr 1997 bis heute als eine aufsteigende Gerade beschreiben, in der Chinas Versuche, Hongkongs Eigenständigkeit zu untergraben, mit immer größeren Protesten begegnet wird. ==Einen neuen Höhepunkt markieren die Pro-Demokratie-Demonstrationen von 2019, an der Schätzungen zufolge bis zu zwei Millionen Personen teilgenommen haben sollen.==
Auch hier gibt es eine interessante Parallele zu den Entwicklungen in Taiwan, wo es 2014 ebenfalls zu Protesten gegen China kam. Auf die eigenständig operierende Inselnation hat Peking keinen Zugriff wie auf Hongkong (Taiwan verfügt über ein Parlament und eine eigene Regierung, ein eigenes Militär und eine eigene Währung und gibt eigene, anerkannte Pässe heraus). Der Hebel, den China ansetzt, um Taiwans Eigenständigkeit zu untergraben, ist daher nicht ein unmittelbarer, politischer wie die Manipulation des Wahlrechts, sondern

ein mittelbarer, ökonomischer. Durch wirtschaftliche Maßnahmen soll die Insel so stark an die Volksrepublik China gebunden und von ihr abhängig gemacht werden, dass Taipeh am Ende keinerlei Verhandlungsmasse mehr zur Verfügung steht, um sich gegen die politischen Forderungen des Festlands zu wehren.

Der Grund für die Proteste war, dass die regierende KMT-Partei ihre Mehrheit im Legislativ-Yuan in Taipeh dazu nutzte, um das Handelsabkommen »Cross-Strait Service Trade Agreement«, das im Sommer 2013 von taiwanesischen und chinesischen Vertretern unterzeichnet worden war, ohne Überprüfung und Diskussion durch das Parlament ratifizieren zu lassen. Eigentlich hätte das Vorhaben vorher mit der Opposition und taiwanesischen Interessengruppen besprochen werden sollen. Die chinafreundliche KMT unterband all dies. Die Studierenden forderten daraufhin, das Handelsabkommen gänzlich fallen zu lassen. Das geplante Abkommen war unter anderem deshalb sehr sensibel, weil es eine Liberalisierung des Telekommunikationswesens vorsah und China somit Möglichkeiten gegeben hätte, das Land über diese Infrastruktur auszuspionieren. Taiwan wäre so, so sagten die Kritiker des Abkommens, unter die Kontrolle Pekings geraten.

Die Situation eskalierte schließlich im Parlament, als die KMT Änderungen an dem Entwurf ausschloss. Die KMT, die einer Wiedervereinigung mit China stets positiv gegenüberstand, nutzte etliche Volten, um den Beratungsprozess über das Abkommen zu ihren Gunsten auszulegen und am Ende zu entscheiden. Erzürnt von diesen Winkelzügen stürmten rund 300 Menschen das Parlament. Hunderte weitere Personen harrten in der

Zeit vor dem Gebäude aus. Insgesamt dauerten die Proteste von Anfang März bis in den Juli 2014. Zwischenzeitlich wurde neben dem Legislativ-Yuan auch der Exekutiv-Yuan, das Regierungsgebäude, besetzt. Bei der Besetzung des Exekutiv-Yuan kam es zum Einsatz von Wasserwerfern, und das Gebäude wurde geräumt. 126 der Protestierenden wurden 2016 zunächst freigesprochen. In einem nächsten Verfahren wurden 21 Personen angeklagt, von denen elf freigesprochen wurden. Noch im April 2020 kam es zu einem weiteren Revisionsverfahren, in dessen Verlauf das alte Urteil aufgehoben wurde und 16 Personen schuldig gesprochen wurden. Die Bewegung erhielt als Symbol und Namen die Sonnenblume. Die Sonnenblume war das Symbol der Demokratiebewegung Ende der achtziger Jahre, in deren Tradition die Demonstrierenden sich sahen. Und das erfolgreich: Bei den Regionalwahlen 2014 und den Landeswahlen 2016 verlor die KMT massiv. Sie wurde abgewählt, stattdessen konnte Tsai Ing-wen von der Demokratischen Fortschrittspartei sich zur neuen Präsidentin vereidigen lassen. Die Volksrepublik änderte ihre Taiwanpolitik daraufhin gänzlich in Richtung Provokation und Aggression, da die Demokratische Fortschrittspartei DPP eine andere Vorstellung als die KMT davon hat, wie das Verhältnis zum großen Nachbarn künftig geregelt werden soll.

Die DPP interpretiert Taiwan gemäß der »Ein China«-Politik als eigenständiges Land. Die Republik China und die Volksrepublik China haben sich 1992 auf die nichtbindende »Ein China«-Formel geeinigt. Beide verfeindeten Parteien des Chinesischen Bürgerkrieges erkennen damit an, dass es nur ein China gibt. Beide nehmen für sich in Anspruch, dieses eine China zu verkörpern. Auf dem internationalen Parkett ist es der Volksrepublik gelungen, dieses Papier verbindlich zu machen. Es ist diese »Ein China«-Formel, mittels derer die Wirtschaft unter Druck gesetzt und Taiwan als eigenständiges Land eliminiert werden soll: Es gibt nur ein China, und das ist die Volksrepublik. Auch hier hat sich China maximal von dem entfernt, was es einst mit aus der Taufe gehoben hat.

Und so kann dieser Formelkompromiss nicht bestehen, wie es im Fall des geteilten Deutschlands möglich war. Beide, die Bundesrepublik und die Deutsche Demokratische Republik, waren international anerkannt. Beide deutschen Länder waren Mitglieder der Vereinten Nationen, und beide nahmen für sich in Anspruch, das eine, echte Deutschland zu sein. Die Volksrepublik hingegen zielt auf eine völlige Ausgrenzung Taiwans. Dass der Inselstaat auf Betreiben Chinas noch nicht einmal als Beobachter in der Weltgesundheitsorganisation sein darf, war während der Covid-19-Pandemie für die ganze Welt von Nachteil: Die Taiwanesen haben der Pandemie hervorragend getrotzt. Die Volksrepublik hat aber bei der WHO durchgesetzt, dass die taiwanesischen Daten den chinesischen hinzugefügt werden. So konnte die Welt nicht sehen, welche Rezepte die Taiwanesen zu ihrem herausragenden Erfolg geführt hatten. Dieses Vorgehen, besonders in einer globalen Notlage, zeigt und unterstreicht erneut die Bully-Attitüde, mit der Peking gedenkt in der globalen Gemeinschaft aufzutreten.

Zum Jahreswechsel 2018/2019 drohte Präsident Xi Jinping, Taiwan notfalls mit Gewalt einzunehmen, sollte es zu Unabhängigkeitsbestrebungen kommen. Die Taiwanesen wiederum betrachten ihre Nation als unabhängiges Land. Folglich wies Präsidentin Tsai Ing-wen Präsident Xis aggressive Kriegsrhetorik zurück, was ihr einen spektakulären Gewinn an Beliebtheit im eigenen Land und an Reputation in der Welt verschaffte. Rund 90 Prozent der Taiwanesen gaben an, Tsai zu unterstützen. Dadurch steht die KMT mittlerweile ohne wirkliche Chinapolitik da. Nach der Annexionsdrohung durch den chinesischen Machthaber schalteten sich verschiedene Politiker ein, unter anderem der deutsche Außenminister Heiko Maas, der China riet, den Konflikt mit dem Inselstaat vor seiner Haustür friedlich beizulegen.

Für die Hongkonger zeigt diese Eskalation, dass mit Peking kein Kompromiss zu erzielen ist. Sowohl die »Ein China«-Formel als auch der »Ein Land, zwei Systeme«-Ansatz sind gescheitert. Und das nicht, weil Hongkong und Taiwan die Formel und den Ansatz nicht wollen, sondern weil die Volksrepublik nicht gewillt ist, ihren Teil beizutragen und zu erfüllen. Beide – Hongkong und Taiwan – wären zusammen eigentlich hervorragend geeignet, regionale Verschiedenheiten abzufedern und gleichzeitig Autonomie zu gewähren und das ganze Gefüge somit zu stärken. Peking denkt aber nicht daran: Die KP möchte ein starkes Zentrum sein, dem sich alles unterzuordnen hat. Hier ist der »Sozialismus chinesischer Prägung« so repressiv wie jede totalitäre Ideologie.

Die Kommunistische Partei Chinas kann in Hongkong durchgreifen, aber nicht in Taiwan, da dieses nicht zur Volksrepublik gehört. Das wird unter anderem deutlich, wenn man die Schicksale der Protestierenden hier und da vergleicht: Die Anführer der Hongkonger Regenschirmbewegung landeten im Gefängnis, während die Protagonisten der taiwanesischen Sonnenblumenbewegung zum Studieren an internationale Eliteuniversitäten gehen konnten oder begannen, in der Politik zu arbeiten. Joshua Wong, Nathan Law und ihre Mitstreiter sind in Hongkong Repressalien ausgesetzt, die es in einer echten Demokratie, wie Taiwan eine ist, nicht gibt.

2019: das Jahr der Eskalation

Im Jahr 2019 flammten Demonstrationen gegen das sogenannte Auslieferungsgesetz auf, das in seiner Gestalt und Absicht sehr an die Geschehnisse des Jahres 2003 erinnert. Um zu verstehen, warum sich dagegen ein noch größerer Unmut als im Jahr 2003 entwickelte, der in Demonstrationen mit zwei Millionen Teilnehmern mündete, ist ein kurzer Blick in die Geschichte Hongkongs unter der kolonialen Herrschaft Großbritanniens vonnöten.

Hongkong ist heute autonom in allen Angelegenheiten – mit zwei Ausnahmen: Die Sonderverwaltungszone kann keine eigene Außenpolitik betreiben und kein eigenes Heer unterhalten. Demokratische Institutionen und freie Wahlen sind den Hongkongern innerhalb ihrer Autonomie zugestanden. Zuvor, während der britischen Kolonialherrschaft von 1842 bis 1997, war die Stadt alles andere als eine Demokratie. Die Briten beuteten hier wie an anderen Orten Chinas Arbeitskräfte maximal aus. Seit 1899 kam es daher in regelmäßigen Abständen immer wieder zu Aufständen, die die weitere Ausbeutung Chinas durch Großbritannien und weitere Kolonialmächte unterbinden sollten. Dabei vereinigten sich im Jahr 1925 sogar die Anhänger der Kuomintang Chinas und der Kommunistischen Partei miteinander, um alle Kräfte im Kampf gegen die Besatzung in einem Generalstreik zu bündeln. Diese Einigkeit währte nicht lange: Nach dem Sieg der Maoisten flohen Anhänger der unterlegenen Republik auch ins britisch besetzte Hongkong.

Während des Zweiten Weltkriegs, im Jahr 1941, geriet Hongkong unter japanische Herrschaft und wurde zu einer Kolonie des Kaiserreichs. Um Hongkong gegen die Japaner zu verteidigen, schlossen die republikanischen Kräfte Chinas unter Chiang Kai-shek einen Pakt mit den Briten. Dieses Bündnis auf Zeit erwies sich als wirkungslos, da die japanischen Streitkräfte Hongkong binnen kürzester Zeit einnahmen. Die Japaner hatten bereits 1895 Taiwan zu ihrer Kolonie gemacht, nachdem sie einen Krieg gegen das chinesische Kaiserreich gewonnen hatten. Während meiner Zeit auf der Insel kam es mir häufig vor, als blickten die Taiwanesen erstaunlich positiv auf die Kolonialzeit unter Japan zurück, die – wie in Hongkong auch – 1945 zu Ende ging. In allen anderen von Japan unterjochten Ländern begingen die Besatzer grausamste Verbrechen. Davon hatten sie in Taiwan Abstand genommen. Vielmehr modernisierten sie die Insel unter ihrer Ägide, was die Taiwanesen ihnen bis heute danken. Verglichen mit dem Schrecken des »Weißen Terrors«, den die Kuomintang über die Insel brachten, sehe die japanische Kolonialzeit im Nachhinein gar nicht allzu schlimm aus, sagten einige meiner taiwanesischen Freunde.

Eine Wahrnehmung, die sich in Hongkong unter anderen Vorzeichen wiederholt. Während der Erstürmung des Legislative Council wurde die Fahne der britischen Besatzungsmacht aufgehängt. Die Botschaft ist klar und deutlich: Peking, wenn wir uns unter einer fernen, kolonialen Macht wohler fühlten und besser behandelt wurden als unter dir, sagt dir das nichts? Ob das positive Urteil der Demonstranten über Großbritannien historisch korrekt ist, müssen andere beurteilen. Der Symbolgehalt der Aktion ist allerdings unbestritten. Darauf angesprochen sagten mir meine Gesprächspartner in Hongkong tatsächlich, dass es unter der britischen Besatzung, vor allem gegen Ende, doch etwas wie demokratische Freiheit gegeben hätte. Wäre Hongkong britisch geblieben, so sagten sie, dann wäre die Stadt heute mit Sicherheit voll demokratisch.

Die Geschichte zeigt: Nach dem Krieg kehrten die Briten nach Hongkong zurück und brachen damit ihr Versprechen, die Stadt und die dazugehörenden Gebiete an China zurückzugeben. Das wurde, in seltener Einigkeit, vom republikanischen Chiang Kai-shek ebenso kritisiert wie von den Kommunisten. Heute erinnert sich niemand mehr an diese Ereignisse. Sowohl Hongkong als auch Taiwan stellen ihre Vergangenheit als Kolonie jedenfalls besser dar, als sie heute die direkte Nachbarschaft oder Chinas unmittelbare Oberherrschaft beschreiben.

Ende der fünfziger Jahre des vergangenen Jahrhunderts gab es erste Bestrebungen, in Hongkong freie Wahlen abzuhalten, wozu es allerdings nicht kam. Erst 1997, im Jahr der Rückgabe an China, wurde in der Finanzmetropole zum ersten Mal gewählt. Das Wahlsystem Hongkongs ist kompliziert, ein Teil der Abgeordneten wird direkt vom Volk gewählt, ein anderer Teil von Berufsgruppen und Interessensverbänden. Dieses System wurde bereits lange vor den gegenwärtigen Protesten kritisiert.

Dieser kurze Abriss soll verdeutlichen, dass Hongkong zwischen der britischen Herrschaft, die keine Demokratie war, und der chinesischen Autokratie, die keine Demokratie ist, als Sonderverwaltungszone geschichtlich und politisch eingekeilt ist und seine Menschen sich jetzt selbst orientieren und eine Identität geben müssen. Ein Freund aus Shanghai, der eher dem chinesischen Modell gewogen ist als dem freiheitlich-demokratischen, obgleich er an westlichen Eliteuniversitäten studiert hat, sagte mir einmal: »Die Leute in Hongkong suchen nach ihrer Identität.« Er hatte die Proteste als Besucher miterlebt und meinte das nicht wohlwollend, sondern abwertend. Wenn es nach ihm gehen würde, so scheint mir, ist klar, warum sich die Metropole in einer Krise befindet: weil sie sich vom chinesischen Mutterland entfernt hat.

Meiner Meinung nach ist die Sache anders gelagert: In Hongkong, Tibet und Xinjiang gibt es eigene, gewachsene Identitäten, die die Volksrepublik nicht etwa in der Weise unter den Schirm eines Imperiums spannt, wie es andere Herrscher getan haben (die Untertanen des Habsburger Reiches zum Beispiel hatten viele Ethnien und Religionen), im Gegenteil: China setzt alles daran, die Menschen und ihre Kulturen in den genannten Gebieten zu unterdrücken und einer einzigen dominanten Kultur, um nicht zu sagen Ethnie, den Vorrang zu geben. Die sozialistische Leitkultur mit chinesischen Charakteristika ist die Kultur der Han-Chinesen. Die Menschen an der Peripherie des Reichs der Mitte, wie China einst genannt wurde, in der die drei Gebiete liegen, sollen durch Überwachung zu besseren Chinesen werden. Die Unterdrückung in Xinjiang und Tibet mag viel deutlicher ins Auge springen als diejenige in Hongkong, weil in den nördlichen Regionen zahlreiche buddhistische Tempel beziehungsweise Moscheen zerstört wurden. Mit der Vertreibung des geistlichen Oberhaupts der Tibeter, des Dalai-Lama, sollte auch die traditionelle Landeskultur verbannt werden. In Xinjiang zeigen die expandierenden Lageranlagen, welche Stunde es für die Uiguren und andere Minderheiten geschlagen hat. Die Kommunistische Partei hat dort jeder Familie einen Han-Chinesen zugeteilt, der sie überwachen und Bericht erstatten soll, wie und wann die Uiguren ihre Kultur leben.

Hongkong hingegen sieht aus wie jede andere Metropole auf der Welt. Man muss hier schon genauer hingucken, um die Dominanz, die China durchsetzen will, erkennen zu können: So ist zum Beispiel der Fahnenmast für die chinesische Flagge vor dem Parlamentsgebäude in Hongkong höher als der Mast der Fahne von Hongkong. Als ein Ausdruck der Gegenbewegung zu dieser Entwicklung wird Kantonesisch mehr und mehr zur hauptsächlich gesprochenen Sprache in Hongkong, nicht etwa nur, weil sie die Sprache der Mehrheit der Einwohner wäre, sondern weil damit auch ein politisches Signal verbunden ist. Mein Eindruck war stets, dass auch das Englische fast gänzlich aus Hongkong verschwunden ist, weil es die Sprache der Unterdrücker ist. Das ist umso bemerkenswerter, wenn man bedenkt, dass die Kolonialzeit nur etwas weniger als 20 Jahre zurückliegt. Man war, auch wenn man sich heute nicht mehr daran erinnern will, wahrscheinlich doch einmal froh, dass die Briten aus der Stadt abgezogen waren. Sprache ist der elementarste Bestandteil von Identität. Vor einer Generation war es in Hongkong noch völlig in Ordnung, Mandarin zu sprechen. Inzwischen wird man als Ausländer gebeten, entweder Kantonesisch oder aber zumindest Englisch zu sprechen.

Taiwan hat als eine Form der Abgrenzung die traditionelle Schreibweise des Mandarin beibehalten, während das Festland die Schriftzeichen vereinfacht hat. Es wird nicht gespart mit Hinweisen darauf, dass auf der Insel ein anderes, wenn nicht gleich besseres, Chinesisch geschrieben wird als in der Volksrepublik. Ein solches kulturelles Selbstbewusstsein – in Hongkong im Hinblick auf alles Kantonesische, seine Sprache wie auch seine Kultur und Küche, in Taiwan im Hinblick auf die traditionellen Schriftzeichen – entsteht, wenn das Zentrum die Eigenarten der Peripherie nicht mehr anerkennt und stattdessen geringschätzt. Leider kann die Wirkung dabei genauso toxisch sein wie die Ursache. Zumindest für Hongkong trifft das zu. Spätestens seit den Protesten im Sommer 2019 mehren sich die fremdenfeindlichen Rufe gegenüber den Festlandchinesen. Die Betonung des Eigenen gelingt dann nur noch, wie es an vielen anderen Orten der Welt ebenfalls zu beobachten ist: in der Herabsetzung des Anderen. Gleichwohl hat die Volksrepublik als der stärkere der beiden Kontrahenten die Macht, dieser Hassspirale ein Ende zu setzen. Doch daran hat Peking kein Interesse. Die Eskalationen von 2019 belegen das.

Hongkong und seine Bedeutung für die freie Welt

Hongkong mag ein kleiner Flecken auf der Landkarte sein, im Ökosystem der Demokratien auf der Welt kommt der Stadt allerdings eine herausragende Bedeutung zu. Da ist zum einen der jahrzehntelange Kampf gegen eine Autokratie, den die Hongkonger mit bewundernswertem Mut aufgenommen haben. Im Systemwettstreit zwischen Demokratie und Autokratie wird bei jeder neuen Kundgebung, bei jeder weiteren Demonstration deutlich, wie sehr die freie, offene Gesellschaft einer auf Angst und Gehorsam getrimmten überlegen ist. Die Hongkonger vereint in ihrem Kampf gegen Peking die Freude und der Stolz am pluralen Charakter, der ihre Stadt ausmacht.

Dennoch zeichnet sich eine zunehmende Verzagtheit ab, ein Fragen und Suchen nach einem Ausweg für die Krise Hongkongs. Die Studierenden, die 2019 die gesetzgebende Versammlung besetzten und dabei ihre verhüllenden Masken abnahmen, obschon ihnen hohe Haftstrafen drohten, gaben dieser Verzagtheit ein Gesicht. Einige von ihnen sagten in Interviews, ihre Hoffnungslosigkeit sei mittlerweile so groß, dass sie nun alles geben müssen, um der Welt den Ernst der Lage vor Augen zu führen. In der Covid-19-Pandemie kamen die Proteste zum Erliegen. Doch das ist Peking nicht genug. Mit den

Verhaftungen von prominenten Verfechtern der Demokratie Ende April hat China gezeigt, dass es entschlossen ist, der Stadt richtig zuzusetzen, während die Welt damit beschäftigt ist, das Coronavirus zu bekämpfen. Aus Verzagtheit mag Agonie werden.

Die mit Hongkong verbundene demokratische Welt kann am Beispiel der Metropole sehen, was auch ihr Geschick sein könnte angesichts einer autokratischen Welle, die den Planeten erfasst hat. Der freie Teil der Menschheit muss sich auf Jahrzehnte zermürbender Auseinandersetzungen einstellen und dabei immer wissen, dass die Gegenseite nicht bereit sein wird, Gnade walten zu lassen, so wie es Präsident Xi als Marschrichtung gegen die Uiguren vorgegeben hat. Autokraten haben, was Demokraten nicht haben: Zeit. Müssen demokratisch gewählte Politikerinnen innerhalb einer Legislaturperiode liefern, was sie im Wahlkampf versprochen haben, so sind Autokraten, einmal an die Macht gekommen, nicht in Zugzwang. Vielmehr bauen sie ihre Macht aus, schleifen die demokratischen Institutionen und liefern anstelle echter Politik Identitäts- oder Scheinpolitik. Ob in Russland, China, Ungarn, Polen oder der Türkei, überall hat der Weg von der Demokratie zu mehr und mehr Autokratie geführt.

Das Ziel der Autokraten ist die totale Unterwerfung. In ihren Staaten leben keine Bürger, sondern Untertanen. Das liegt in der Natur der Autokratie, sie lehnt die Pluralität ab und merzt unter Postulierung einer homogenen Gesellschaft jeden Widerspruch aus. Dabei ist es wichtig, innere und äußere Feinde zu konstruieren, um die Bindekräfte des autokratischen Lagers zu stärken, bis es zum mächtigsten Faktor eines Landes geworden ist. In unseren Breiten sagen Autokraten beispielsweise einem Menschenbild den Kampf an, das Frauen und Männer als gleichberechtigt auffasst. Fachgebiete wie Gender Studies werden als Feinde ausgemacht, weil sie einerseits die Gleichberechtigung auf ihrer Agenda haben und andererseits das gottgegebene Rollenverhältnis zwischen Mann und Frau untergraben. Ein beliebtes Objekt autokratischen Hasses sind Zuwanderer: Der innere Feind ist hier jener, der mit Zuwanderern kein Problem hat, und die äußeren Feinde sind die Ausländer, die in ein Land kommen und dabei nur das Ziel haben, das Gastland und seine Bewohner zu unterwerfen.

Es gibt Demokratien, die nach dem von der Zeitschrift *The Economist* berechneten Demokratieindex als unvollständige Demokratien gelten, darunter auch die USA. Präsident Donald Trump hat den demokratischen Institutionen und Sitten im Land den Kampf angesagt, mit einigem Erfolg. Dann gibt es Länder wie Ungarn und Polen, in denen der demokratische Zerfall schon so weit von den Autokraten vorangetrieben wurde, dass die Gewaltenteilung bereits aufgehoben und die Judikative den politischen Wünschen unterworfen ist. In den USA, in Ungarn, in Polen und auch in der Türkei ist die Autokratie allerdings bisher nicht zum absoluten Sieg gelangt: Immerhin gibt es in diesen Ländern noch – unterschiedlich starke – zivilgesellschaftliche Stimmen, die nicht mundtot gemacht worden sind. Die USA sind noch am ehesten eine Demokratie, wohingegen offener Widerspruch in der Türkei zu Gefängnisstrafen ohne Gerichtsverhandlung führen kann. Russland ist schon längst keine Autokratie mehr, sondern eine Diktatur. Die Volksrepublik wird dem Beispiel Russlands in dem

Moment folgen, in dem Xi Jinping seine dritte Amtsperiode antritt. Dann wird die Kommunistische Partei mit ihren verschiedenen Flügeln endgültig in seinem Sinne gleichgeschaltet. Alternative Sichtweisen zu Xis Doktrin wird es dann nicht mehr geben.

Wir sehen: Der Kampf der emphatischen, freien Demokratie gegen ihre Feinde ist, anders als Fukuyama behauptete, 1990 nicht zu Ende gegangen. Vielmehr muss man fürchten, dass die Scharmützel der kommenden Jahre auf eine Entscheidungsschlacht hinauslaufen. Hongkong könnte der Austragungsort dieser Schlacht sein. Würde Hongkong fallen, dann würde sich Peking sehr wohl imstande fühlen, als nächstes Taiwan zu attackieren. Die demokratischen Verbündeten des Landes müssten spätestens dann entscheiden, ob sie in eine militärische Auseinandersetzung mit der Volksrepublik gezogen werden möchten oder nicht.

In ihrer systematischen Bedeutung sind beide – zuerst Hongkong, dann Taiwan – entscheidend. Die taiwanesische Präsidentin hat nicht umsonst den Menschen in Hongkong, die vor der KP und Xi Jinping auf der Flucht sind, Asyl angeboten. Man ist sich sehr bewusst, dass das Geschick jedes Einzelnen mit dem des anderen verknüpft ist.

Andere demokratische Nationen sind den beiden zu Hilfe gekommen und haben bewiesen, dass Demokratien weltweit miteinander verbunden sind. Das Rezept, wie man einen Autokraten, der zum Hegemon aufsteigen will, erfolgreich ausbremsen kann, haben sie jedoch alle nicht, weder im Hinblick auf China noch auf Russland, das neben dem Reich der Mitte der größte Feind der internationalen Ordnung ist.

Hongkong ist heute für das demokratische Ökosystem aus zwei Gründen wesentlich, einmal in synchroner, einmal in diachroner Hinsicht. Zum einen ist es relevant im Verbund aller bestehenden Demokratien und aller Länder, die ihre Demokratie verteidigen müssen oder eine Demokratie werden wollen. Und zum anderen ist die historische Entwicklung Hongkongs von zentralem Interesse. Wer diesen Weg verfolgt, kann Rückschlüsse ziehen auf das, was anderen Demokratien, die unter autokratischen Beschuss geraten, in Zukunft blühen mag.

Wenn wir die jüngere Vergangenheit Hongkongs studieren, dann verstehen wir vielleicht besser, warum der letzte britische Gouverneur, Chris Patten, in den Jahren vor der Übergabe versucht hat, Hongkongs Selbstständigkeit gegenüber Chinas autoritärem Zugriff auszubauen. Er kam 1992 in das Amt, acht Jahre, nachdem die Sino-British Joint Declaration unterzeichnet worden war, jenes rechtsverbindliche Dokument, das Hongkong zukunftssicher machen sollte. An den Zusagen Pekings bestanden bereits 1989 große Zweifel, nachdem das Regime die Studentendemonstrationen auf dem Platz des Himmlischen Friedens brutal niedergeschlagen hatte. Mehr als 10 000 Menschen sollen damals getötet worden sein, das Militär zögerte nicht, auf die eigenen Leute zu schießen.

Tian'anmen, der Platz des Himmlischen Friedens, gehört heute zu den Themen, die nach erklärtem Willen der Partei in Gesprächen nicht erwähnt werden dürfen – nicht nur in China, sondern auf der ganzen Welt: So forderte das chinesische Regime die Universität Cambridge dazu auf, Artikel zu Tian'anmen aus ihrem Onlineangebot zu löschen, wenn die Internetpräsenz der Universität in der Volksrepublik weiterhin abrufbar sein soll. Das akademische Powerhouse machte den Kotau vor Peking und zog erst dann zurück, als internationale Proteste gegen die Beschränkung der Wissenschaftsfreiheit der Reputation der Universität ernstlich zu schaden drohten. Das sind die drei T, die Chinas KP aus dem Gedächtnis der Menschheit tilgen will: Tibet, Taiwan und Tian'anmen.

In Hongkong wuchsen nach der Gewaltorgie auf dem Platz des Himmlischen Friedens die Sorgen und die Angst, Peking würde die Freiheiten, die man in der ehemaligen Kronkolonie erreicht hatte, im Handumdrehen wegfegen. Falsch lagen die, die Chris Patten davor gewarnt hatten, nicht. Heute, 23 Jahre nach der Übergabe, müssen wir konstatieren, dass Peking, wenngleich nicht mit Panzern, aber doch mit fiesen juristischen Tricks und polizeistaatlichen Methoden die Rechtsstaatlichkeit in Hongkong abschaffen will.

Dass dies Pekings Marschroute sein würde, war bereits vor 1997 deutlich geworden: Chris Patten gab 1995 der Stadtbevölkerung mehr Rechte bei den Wahlen zum Legislative Council als je zuvor. In der Folge bezwang das demokratische Lager, angeführt vom bereits erwähnten Martin Lee, das pekingtreue. Die KP verlor die Nerven und beschuldigte Chris Patten, China unterlaufen zu wollen. Dort dachte man offenbar, ohne weitere Gegenwehr Hongkong übernehmen und dessen Eigenständigkeit aufheben zu können. Peking setzte 1996 durch, dass die demokratischen Wahlen im Nachhinein für ungültig erklärt wurden und im Anschluss eine seiner Marionetten, Tung Chee-hwa, an der Spitze einer neuen Administration installiert wurde. Tungs siechendes Firmenimperium wurde vorher durch eine Geldspritze der chinesischen Regierung wiederbelebt. Es ist kein Wunder, dass die Hongkonger ihm nie vertrauten.

Tung trat an mit dem Versprechen, politische Gruppen und politische Meinungsäußerung stark zu beschränken. In seiner ersten Rede nach der Übergabe sprach er von »chinesischen Werten«, die er in Hongkong implementieren wolle. Hier zeigt sich eine erschreckende Nähe zu Präsident Xis »Sozialismus chinesischer Prägung«. Damals wie heute wird ein behauptetes »Chinesisches« in Kontrast gestellt zu allem anderen, allem Fremden.

Die Genealogie der Proteste

Peking provoziert in regelmäßigen Abständen die Menschen in Hongkong zu Demonstrationen. Das gibt der Kommunistischen Partei Chinas die Möglichkeit, die Protestierenden als Unruhestifter und Verbrecher zu brandmarken. Die Strategie, einige wenige zu Sachbeschädigung und Randale anzustacheln, ist auch nicht neu. Das rechtfertigt einen härteren Polizeieinsatz und soll dazu führen, dass die Hongkonger die Meinung der chinesischen Statthalter übernehmen: Die gewalttätige Jugend gehört bestraft, ein härteres Vorgehen der Polizei wird gutgeheißen. Dabei kommt der Ordnungsmacht zupass, dass die Demonstrationen Hongkongs Wirtschaft schaden. Blockierte Straßen und skandierende Menschenmassen sorgen dafür, dass es weder für Zulieferer noch für Kunden Zugang zu den Geschäften und Shoppingmalls gibt. Eine geschwächte Wirtschaft schadet dem Standort. Für die Volksrepublik jedoch ist der Handelsplatz nicht mehr so wichtig wie noch vor zwei

Jahrzehnten: In der Zwischenzeit wurde Shanghai aufgewertet, zudem liegt nur wenige Kilometer nördlich von Hongkong Chinas Silicon Valley, Shenzhen. Die kommunistische Führung hat meines Erachtens entschieden, Hongkong als Pforte zur Welt aufzugeben und die Stadt so zu normieren, dass sie am Ende eine unter vielen ist in China.

Pluralität, Diversität, Kosmopolitismus, all das ist der kommunistischen Führung ein Graus, heute mehr denn zum Zeitpunkt der Übergabe. Aus Pekings Sicht sind es ja genau diese Eigenarten Hongkongs, die es so schwer zu regieren machen. Das, was man in Peking gut und erstrebenswert findet, ist etwas anderes als das, was die Menschen in Hongkong für sich und ihre Stadt wollen. Es ist ein Wettlauf gegen die Zeit: Im Jahr 2047 endet die Übergangsfrist, innerhalb der Hongkong das verbriefte Recht auf Eigenständigkeit hat. Im Jahr 2049 sollen 100 Jahre seit dem Ende des Chinesischen Bürgerkriegs und dem Beginn der kommunistischen Herrschaft über China gefeiert werden. Dann soll den Chinesen ein Reich präsentiert werden, das perfekt nach den Vorgaben der Kommunistischen Partei normiert ist. Eine Stadt mit Sonderstatus soll spätestens dann Geschichte sein – genau wie die unabhängige Insel vor der Haustür.

Natürlich gibt es auch in Hongkong Menschen, die ein friedliches Auskommen mit China wollen, Hongkonger, denen die Barrikaden und Straßenschlachten ein Graus sind. Aber anders als von Peking erhofft, haben die Bürgerinnen und Bürger den Protestierenden ihre Solidarität und Unterstützung nicht entzogen. Die Demonstrationen werden also nicht aufhören, sondern weiter eskalieren, je deutlicher Pekings Strategie spürbar wird, die Strategie eines autokratischen Systems: Es werden Schuldige an einer Misere ausgemacht und gebrandmarkt. Es wird behauptet, alles werde besser, wenn die Unruhestifter verschwänden. Dabei handelt es sich um ein Ersatzhandeln anstelle von Politik, und dieses hat sich wieder einmal gezeigt in der Art, wie die Stadtregentin Carrie Lam auf die Demonstrationen reagiert hat: nämlich überhaupt nicht. Es vergingen Wochen, bevor Lam sich geäußert, und noch mehr Wochen, bevor sie sich schließlich mit einem kleinen Kreis von Demonstranten getroffen und ihnen zugehört hat. Von den fünf Forderungen, die die Protestierenden an die Stadtregierung gestellt haben, wurde nur eine erfüllt, und auch das dauerte eine ganze Weile: Das Auslieferungsgesetz, das jede und jeden in Hongkong hätte treffen können, wurde letztlich aufgegeben.

==Wenn wirkliches politisches Handeln ausbleibt, staut sich zuerst Wut auf, und dann macht sich Resignation breit. Beides ist in Hongkong zu beobachten==: Eine Jugend, die ihre Zukunft als düster beschreibt, Demonstranten, die aus Wut die gesetzgebende Kammer besetzen, Geschäftsinhaber, deren Umsätze wegbrechen, Lehrer, die sich um die Beeinflussung durch chinesische Propaganda sorgen. Als ich im Juli 2019 in Hongkong war, machte sich eine Lethargie breit, die Ausweglosigkeit, in der sich die Hongkonger gefangen fühlen. Im zweiten Halbjahr 2019 rutschte Hongkong, dessen Wirtschaft bereits aufgrund des Handelskriegs zwischen den USA und China geschwächt war, in eine Rezession. Zum ersten Mal in 15 Jahren musste die Stadt ein Defizit ausweisen.

2019 waren die Demonstrationen anders als zuvor: Meine Freunde erzählten mir, Carrie Lam hätte in Peking noch geprahlt, die Proteste kontrollieren zu können. Aber sie hätte die Widerstandskraft der Hongkonger, die in den vergangenen Jahren gewachsen sei, unterschätzt und mit der fehlenden Durchsetzungskraft Peking düpiert. Ob diese Lesart korrekt ist, werden Historiker entscheiden müssen. Wir wissen jedenfalls, dass die Proteste, anders als 2003 und 2014, Erfolg hatten und zu einem Rückzug der Regierung führten. Einzig Covid-19 war in der Lage, den Demonstrationen ein Ende zu setzen. Bevor die Pandemie auch in Hongkong ausbrach, waren die Menschen ununterbrochen auf der Straße. Hier ein kurzer Abriss der Geschehnisse:

Die Demonstrationen gegen das geplante Auslieferungsgesetz begannen Mitte März 2019. Die Demokratiebewegung nahm Fahrt auf, nachdem sich die pekingtreue Mehrheit im Legislative Council der Forderung der Demonstranten verweigerte, das Gesetz entsprechend den Vorgaben parlamentarisch prüfen zu lassen. Diese Missachtung des demokratischen Prozesses hatte in Hongkong die gleiche Wirkung wie 2014 in Taiwan die Weigerung der Kuomintang-Partei, das geplante Wirtschaftsabkommen mit China im Parlament zu diskutieren: Sie mobilisierte die Menschen. Das Auslieferungsgesetz sollte in einer zweiten Lesung am 12. Juni verabschiedet werden. Das führte zur ersten Demonstration in der Stadt, an der laut Veranstalter über eine Million Menschen teilgenommen haben sollen. Offizielle Angaben hingegen sprechen von 270 000 Teilnehmerinnen und Teilnehmern. Am 12. Juni umzingelten die Demonstranten den Legislative Council und verhinderten die zweite Lesung des Gesetzes. Die Polizei trug

Uniformen ohne Namensschilder, um eine Strafverfolgung zu verunmöglichen, und setzte Tränengas und Gummigeschosse ein. Sie wurde daraufhin für ihr unverhältnismäßiges Vorgehen kritisiert. Gleichzeitig nannte die Polizei die Demonstrationen einen »Aufstand«, um im Sinne der von Peking vorgegebenen Choreographie mit der Dämonisierung und Verfolgung der Protestbewegung beginnen zu können.

Am 15. Juni 2019 legte Carrie Lam das Auslieferungsgesetz zu den Akten, allerdings ohne es vollständig zurückzuziehen. Die Demonstranten gingen deshalb weiterhin auf die Straße. Am 16. Juni sollen es rund zwei Millionen Menschen gewesen sein. In der Nacht vom 1. Juli drangen Demonstranten in das Gebäude des Legislative Council ein, ohne dass die Polizei sie daran gehindert hätte – die Strategie, zu provozieren, schien aufzugehen. Die Polizei ging nicht davon aus, dass die Protestierenden für Wasser, Kaffee und Snacks, die sie in der Cafeteria des Gebäudes zu sich nehmen, bezahlen würden – was sie aber taten. Am 7. und am 14. Juli gab es weitere Großdemonstrationen. Das waren die bleiernen Wochen, während deren auch ich die Stadt besuchte und die Situation sich wie ein Patt anfühlte und Demonstranten und Regierung auf den nächsten Zug der gegnerischen Seite warteten. Dann kam der Schlag.

Nach der Demonstration am 21. Juli gingen vermummte, wahrscheinlich pekingtreue Schläger in weißen T-Shirts auf Passagiere in der Hongkonger U-Bahn los. Die Polizeistation des Bahnhofs, wo der Angriff passierte, war zu der Zeit unbesetzt, was den Verdacht nahelegt, dass die Beamten von den Plänen der Randalierer wussten. Ein pekingtreuer Politiker wurde dabei gefilmt, wie er die Schlägerbande abklatschte und für ihre Gewalttaten lobte. Das brachte die Stimmung in der Stadt zum Sieden, und die Demonstrationen gingen bis in den Spätsommer weiter. Am 4. September kündigte Carrie Lam endlich an, das Auslieferungsgesetz nach dem Ende der parlamentarischen Sommerpause im Oktober nicht mehr weiter zu verfolgen.

Die Demonstranten forderten nun allerdings nicht mehr nur das Ende des Auslieferungsgesetzes, sondern hatten vier weitere wichtige Punkte auf ihrer Agenda: Untersuchung der Polizeigewalt, freie, demokratische Wahlen, den Rücktritt Carrie Lams und die Freilassung inhaftierter Demonstranten. Endlich, am 23. Oktober, wurde das Auslieferungsdekret wirklich formal zurückgenommen. Die Freude über den Sieg der Demokratiebewegung währte nur kurz: Am 30. Oktober begann die Polizei damit, vermeintliche Demonstranten in ihren Wohnungen aufzuspüren und zu verhaften.

Der November 2019 wurde zu einem Monat gewaltsamer Auseinandersetzungen. Vielleicht war es der brutalste seit Beginn der Proteste. Am 8. November starb ein Demonstrant, der fünf Tage zuvor bei einer Demonstration aus dem dritten Stock eines Hauses gefallen war. Die Demonstranten klagten die Polizei an, sie habe die Durchfahrt eines Krankenwagens zum Verunglückten blockiert und trage die Verantwortung für seinen Tod. Die Polizei wies die Vorwürfe zurück. Am 11. November sollte daraufhin ein Generalstreik in Hongkong stattfinden. An dem Tag benutzte ein Polizist zum ersten Mal scharfe Munition gegen die Demonstranten. Es kam zu mehrtägigen Auseinandersetzungen zwischen Studierenden und der Polizei auf dem Campus der Chinese

University. Dabei sollen die Studierenden Brandbomben und Wurfgeschosse mit Chemikalien gegen die Polizei eingesetzt haben. Am 17. November besetzten Demonstranten den Campus der Polytechnischen Universität und blockierten gleichzeitig einen wichtigen Tunnel der Stadt. Die Polizei stürmte den Campus am 18. November. Am 29. November endete die Belagerung des Campus durch die Polizei, und es gab insgesamt rund 1100 Festnahmen. Die Eskalation zwischen Demonstranten und Polizei hatte nun, wie von Peking gewünscht, ihren Anfang genommen.

Diese Phase der Konfrontation war die gewaltsamste seit dem Beginn der Proteste. Nun, so das Kalkül der Ordnungsmacht, würde die zivile Unterstützung der Demonstrationen ein Ende haben. Aber auch wenn viele Hongkonger mit der Eskalation unglücklich waren, überwog die Meinung, dass die Studierenden keinen anderen Ausweg hätten, als zu diesen drastischen Mitteln zu greifen. Die Unterstützung riss nicht ab, im Gegenteil: Die große Mehrheit der Hongkonger unterstrich ihre Haltung bei den Regionalwahlen am 24. November. 18 der 19 Distrikte der Stadt gingen in der Folge an Kandidaten des demokratischen Lagers.

Am 1. Dezember nahm die Protestbewegung die Demonstrationen wieder auf. Man forderte von der Regierung weiterhin die Erfüllung des »Fünf Punkte«-Manifests. Bevor der Ausbruch der Coronakrise die Fortsetzung der Proteste unmöglich machte, gab es am 22. Dezember noch eine Demonstration gegen die Unterdrückung der Uiguren in der Provinz Xinjiang und eine Großdemonstration am 1. Januar 2020, an der über eine Million Menschen teilgenommen haben sollen.

Internationale Unterstützung

Am 28. November 2019 war eine Demonstration der Demokratiebewegung in amerikanische Flaggen getaucht. Damit forderten die Hongkonger Hilfe und Unterstützung von den Vereinigten Staaten, die ein Gesetz für die Stadt auf den Weg bringen wollten. Gleichzeitig waren die USA in Verhandlungen über ein Handelsabkommen mit der Volksrepublik, was Befürchtungen nährte, Präsident Trump könnte die Interessen Hongkongs für einen Erfolg in diesen Gesprächen opfern.

Auf die Ereignisse in Hongkong angesprochen, sagte Trump Ende November dann auch, dass er die Demonstranten prinzipiell unterstütze, Präsident Xi Jinping aber ein Freund sei, was so gedeutet wurde, als gäbe Donald Trump der Wirtschaft den Vorrang vor der Demokratie. Doch es war nur eine Momentaufnahme. Präsident Trump und seine Administration klagen China an, nicht schnell genug Maßnahmen gegen die Ausbreitung der Pandemie initiiert zu haben. China wiederum behauptet, die CIA hätte das Virus nach China geschleust. Beide, Xi und Trump, verfolgen mit diesen Behauptungen eine innenpolitische Agenda. Sie wollen damit ihre Macht demonstrieren und beweisen, dass sie als »starke Männer« handlungsfähig sind und ihre jeweiligen Nationen jederzeit verteidigen können. Dieses populistische Bedienen der eigenen Basis führt, ob gewollt oder nicht, zu einer politischen Eskalation zwischen Demokratie und Autokratie. Und es führt zu einer diplomatischen – und damit politischen – Aufwertung von Hongkong und Taiwan, die beide als Teil des globalen demokratischen

Ökosystems gerade jetzt angesichts der Drohkulisse aus Peking jede Unterstützung brauchen.

Dass Taiwan für die US-Administration unter Trump eine Schlüsselrolle einnehmen würde, machte der Präsident unmittelbar nach seiner Wahl deutlich, als er das Glückwunschtelefonat der taiwanesischen Präsidentin Tsai Ing-wen entgegennahm. Er adressierte sie als »Frau Präsidentin«, was einer Anerkennung Taiwans als eigenständiges Land gleichkam. Erwartungsgemäß schäumte Peking. Während Präsident Trumps Amtszeit im Weißen Haus feierten die USA und Taiwan 40 Jahre gemeinsame Außenbeziehungen. 1979 wurde der »Taiwan Relations Act« unterzeichnet.

Das kam so: Bis 1971 war die »Republik China« in den Vereinten Nationen vertreten. Dann aber erkannte die UN die Volksrepublik als einziges China an und schloss Taiwan aus der Versammlung aus. Die USA, bereits damals ein großer Unterstützer der Insel, wollten an ihrem guten Verhältnis zu Taiwan festhalten. Das besondere Verhältnis wurde im Taiwan Relations Act verbürgt. Die Vereinigten Staaten werden seitdem als eine militärische Schutzmacht Taiwans begriffen, auch wenn dies in dem Schriftstück nicht ausdrücklich festgehalten ist. Als die beiden Parteien den Taiwan Relations Act unterzeichneten, gehörte die Insel bereits zu den wirtschaftlich erfolgreichen Tigerstaaten Ostasiens, wohingegen die Volksrepublik 1976 aus der verheerenden Kulturrevolution taumelte und mit Hunderttausenden Hungertoten zum Armenhaus der Welt geworden war. Die Vorstellung, dass China einmal die Macht erlangen würde, die es heute hat, wäre Washingtoner Strategen damals sicher zumindest kühn, wenn nicht gar verrückt erschienen.

Vielleicht war deshalb auf das schriftliche Festhalten militärischer Garantien verzichtet worden.

Die einzigartige Schutzmachtstellung der USA für Taiwan mag heute aber, mit einem starken und expansionswilligen China in der Nachbarschaft der Insel, die beiden großen Kontrahenten in eine militärische Auseinandersetzung treiben. Das hielt ein Meinungsbeitrag in der *New York Times* im November 2019 zumindest für ein realistisches Szenario. Die Insel Taiwan, die portugiesische Seefahrer im Vorbeisegeln »die Schöne« tauften, sei der einzige Flecken Erde, auf dem sich die Interessen der beiden Gegner China und Amerika so diametral gegenüberstünden, dass ein Krieg nur dann vermeidbar wäre, wenn die USA ihre Rolle als Beschützer aufgäben oder die Volksrepublik zu behaupten aufhörte, Taiwan sei ihr Territorium.

Im Kontext der 40-Jahr-Feierlichkeiten wurde Taiwan weiter diplomatisch aufgewertet: Gemäß des 2018 von den USA und der Republik China unterzeichneten »Taiwan Travel Act« können sich die Minister der beiden Länder jetzt jederzeit treffen. Bis dahin war dies, aus Rücksicht auf China, ausgeschlossen worden. Außerdem verkauften die USA schweres Kriegsgerät an Taiwan, was Peking rasend machte. Angesichts der zunehmenden chinesischen Provokationen gegenüber Taiwan ist der Kauf allerdings verständlich.

Auch der US-Kongress ist auf Taiwans Seite. Die Unterstützung Taiwans – wie auch Hongkongs – ist eine der wenigen Agenden, die nicht von Parteipolitik geprägt sind, sondern bei denen noch Einigkeit zwischen Republikanern und Demokraten herrscht. Am 26. März 2020 wurde der »Taiwan Allies International Protection and Enhancement Initiative (TAIPEI) Act« rechtswirksam. Beide Kammern des Kongresses hatten ihn zuvor mit großer Mehrheit verabschiedet. Die Unterzeichner erklären darin, dass Taiwan künftig in allen internationalen Gremien, in denen auch die USA mitwirken, vertreten sein oder zumindest einen Beobachterstatus erhalten soll. Auf Betreiben Chinas war Taiwan ja aus der UN und all ihren Unterorganisationen wie der Weltgesundheitsorganisation ausgeschlossen worden.

Manche, mit denen ich auf Taiwan gesprochen habe, befürchten, dass die Unterstützung der USA, so richtig und gut gemeint sie auch ist, Taiwan unter Umständen zu einer Art Faustpfand machen könnte im Spiel der Mächte. Präsident Trump, dessen Liebäugeln mit Autokraten auch auf Taiwan niemand verborgen geblieben ist, könnte Taiwan aufgeben, sollte Präsident Xi ihm ein verlockendes Angebot machen und damit seinem Ego als großem Staatsmann schmeicheln. Für Taiwan ist es daher gut, dass beide Kammern des Kongresses das Land gegen China unterstützen. Sollte es im November 2020 zu einem Machtwechsel im Weißen Haus kommen, dürfte sich unter den Demokraten zunächst wenig an der Taiwan- und Hongkong-Politik der USA ändern.

Denn auch für Hongkong kommt politische Hilfe aus den USA: Präsident Trump unterzeichnete im November 2019 ein Gesetz, das Sanktionen vorsieht gegen jene, die in Hongkong im Zuge der Demonstrationen Menschenrechtsverletzungen begangen haben. Die Demonstranten klagen die Hongkonger Polizei an, unverhältnismäßig hart gegen die Protestierenden vorgegangen zu sein. Zu den fünf Forderungen, die sie an die Stadtregierung stellen, gehört deshalb auch die unabhängige Untersuchung des polizeilichen Vorgehens. Beide Kammern des Kongresses hatten das Gesetz für Hongkong mit großer Mehrheit verabschiedet. Peking war über diesen »Hong Kong Human Rights and Democracy Act« natürlich verärgert und drohte den USA mit einer Verschlechterung der Beziehungen. Peking behauptet, dass die Vereinigten Staaten die Proteste angezettelt hätten und nun unterstützen würden. Und so stehen sich, was Hongkong angeht, die Fronten zunehmend verhärtet gegenüber, vergleichbar mit den Positionen zu Covid-19. Im Mai 2020 drohte der US-Präsident schließlich, alle Beziehungen seines Landes zur Volksrepublik zu beenden. Was genau er damit meinte, ließ er bisher nicht verlautbaren.

Dass die USA, anders als ihr Ruf als kapitalistische Nation es vermuten lässt, unter Umständen bereit wären, auf den chinesischen Markt zu verzichten, zeigte ein Statement von Vizepräsident Mike Pence bereits im Oktober 2019. Pence kritisierte amerikanische Unternehmen scharf für ihre Aktivitäten in China. Sie gäben ihr Gewissen und ihre Moral an der Tür zur Volksrepublik ab und würden sich nicht darum scheren, dass Chinas repressive Kommunistische Partei das eigene Volk knechte. Er hob Nike sowie die National Basketball Association NBA als besonders negative Beispiele hervor. Sie hätten sich Peking gebeugt und würden die Kommunistische Partei dabei unterstützen, die Demokratiebewegung in Hongkong zu zerstören. Schuld daran sei die Gier, die Corporate America an den Tag lege. Die Fixierung auf den lukrativen chinesischen Markt hätte die Konzerne korrumpiert, so der Republikaner. In seiner Rede sagte er weiter, dass China sich in den zurückliegenden zwölf Monaten aggressiver verhalten und somit destabilisierend auf das Weltgeschehen gewirkt habe. Auch Pence betonte, dass die USA sich im Systemwettstreit mit der Volksrepublik befinden.

Auch die Sprecherin des Repräsentantenhauses, Nancy Pelosi, setzte ein Zeichen für die Demokratiebewegung Hongkongs, als sie Joshua Wong in Washington zu einem Gespräch empfing. Wong, der 2014 durch sein Engagement für die Regenschirmbewegung zu internationaler Bekanntheit gelangt war und mit nur 18 Jahren vom TIME *Magazine* als »Person of the Year« nominiert wurde, ging im September 2019 auf Tour, um bei den Freunden Hongkongs, vor allem den USA und England, um Unterstützung zu werben.

Pelosi betonte im Laufe des Gesprächs, dass sie im Kongress für den »Hong Kong Human Rights and Democracy Act« werben wolle. Peking kritisierte das Treffen scharf und beschuldigte Pelosi, damit für die Unabhängigkeit Hongkongs einzutreten. Das Gegenteil ist richtig: Pelosi forderte in einem Statement Peking dazu auf, die von China zugesagte demokratische Wahl in Hongkong zuzulassen und gleichzeitig einen Untersuchungsausschuss ins Leben zu rufen, der die angewendete Polizeigewalt untersuchen soll. Pelosi nannte die Demokratiebewegung eine Mahnung an das Weltgewissen. Kommerzielle Interessen sollte die Menschen nicht davon abhalten, für die Ideale der Demokratie einzutreten. Ihr Ton war ähnlich wie der von Mike Pence. Der Hong Kong Human Rights and Democracy Act erhielt später die Zustimmung beider Parteien in beiden Kammern. Die US-amerikanische Politik ist an vielen Punkten unversöhnlich gespalten. Das Engagement für Hongkong und Taiwan gehört nicht dazu.

Bereits am 31. Januar 2018 forderte Joshua Wong in einem Beitrag für die britische Tageszeitung *Guardian* die Regierung des Vereinigten Königreiches auf, ihre Zusage, Hongkong nicht im Stich zu lassen, nicht zu vergessen. Wong startete seinen Aufruf, um Aufmerksamkeit für die Gerichtsverfahren gegen Abgeordnete wie Nathan Law zu generieren, deren demokratische Teilhabe und Sitz im Legislative Council Hongkongs abgesprochen worden war. Im Geiste des von Großbritannien gegebenen Versprechens an Hongkong solle die britische Premierministerin Theresa May bei anstehenden Gesprächen mit der chinesischen Führung auf die Einhaltung der Sino-British Joint Declaration drängen. 10 Downing Street veröffentlichte am 17. Juni 2019, als die Proteste in Hongkong auf ihren Höhepunkt zuliefen, eine Mitteilung, dass Theresa May mit dem chinesischen Vizepremierminister Hu Chunhua über Hongkong gesprochen habe.

Im September 2019 wurde Joshua Wong auch von Bundesaußenminister Heiko Maas in Berlin empfangen. Die chinesische Regierung bestellte daraufhin den deutschen Botschafter ein. Zuvor hatte Bundeskanzlerin Angela Merkel bei einem Besuch in China gemahnt, eine friedliche Lösung für Hongkong zu finden. Heiko Maas betonte in seiner Replik auf Pekings Aussage, seine Begegnung mit Joshua Wong belaste die Beziehung zwischen China und Deutschland, dass er auch künftig beabsichtige, Aktivisten zu treffen. Gleichzeitig würde als außenpolitische Maßgabe für Deutschland weiterhin die Formel »Ein Land, zwei Systeme« gelten.

Wie weit das Bekenntnis zu »Ein Land, zwei Systeme« in der Zukunft tragen wird, ist mehr als offen. Im Moment ist es jedenfalls nicht mehr als eine leere Phrase. Die Volksrepublik hat sich nie daran gemacht, Hongkong *qua* Hongkong in China zu integrieren, sondern hatte von Tag eins an einen anderen Plan mit der Stadt. Dort ist man wiederum in panischer Angst, die Volksrepublik könnte am Ende Erfolg mit ihrem Tun haben. Peking hat, konträr zu dem, was unter »Ein Land, zwei Systeme« vorgesehen ist, die Fliehkräfte in Hongkong zuerst angestoßen, dann gestärkt und damit eine eigene Identität in dem Stadtstaat befördert, um diese danach zu brandmarken und als Grund für sein hartes Vorgehen gegen die ungehorsamen Hongkonger anzuführen. Es ist mehr als verständlich, dass die Hongkonger für sich entschieden haben, dass »Ein Land, zwei Systeme« komplett gescheitert ist, denn Peking hat sein Versprechen nicht gehalten.

Die Wahlen 2020: eine Wasserscheide

Die letzte Großdemonstration, bei der Hongkonger Protestierende mit der von China kontrollierten Polizei aneinandergerieten, fand zum Jahreswechsel 2019/2020 statt. Es war eine der wenigen Demonstrationen nach der für Peking verheerenden Wahl im November 2019, die überhaupt genehmigt worden waren. Die Demonstrierenden hielten die vier verbliebenen ihrer ursprünglich fünf Forderungen an die Regierung aufrecht: Nachdem Carrie Lam das Auslieferungsdekret Ende Oktober 2019 zurückgezogen hatte, waren das die Forderung nach einer unabhängigen Untersuchung der Polizeieinsätze während der Proteste, ein Ende der Bezeichnung der Demonstranten als Randalierer, die Amnestie für verhaftete Demonstranten und freie demokratische Wahlen zum Legislative Council und des oder der Chief Executive of the Hong Kong Special Administrative Region of the People's Republic of China.

Auf einem Foto, das die *New York Times* als Bebilderung eines Artikels über die Hongkonger Demonstration veröffentlichte, war ein junger Mann zu sehen, der die linke Hand mit fünf gespreizten Fingern ausstreckte und mit der rechten den Zeigefinger erhob. »Fünf Forderungen und keine weniger«, drückte die Geste aus. Die Autoren des Artikels berichteten, dass unter den Demonstrierenden das Gefühl der Ratlosigkeit, wenn nicht sogar der Verzagtheit vorgeherrscht habe. Viele wüssten nicht, wie es mit der Stadt weitergehen solle und welche nächsten Schritte Peking in die Wege leiten könnte. Gemäß dem Protokoll, das die Demonstranten aus den Jahren 2003 und 2014 kennen, war ein Gegenschlag Chinas zu erwarten, der den Protagonisten der Bewegung gelten würde.

Und so kam es auch: Am 18. April 2020, einem Samstag, wurden in Hongkong 15 führende Vertreter des prodemokratischen Lagers verhaftet, darunter auch Martin Lee. Weitere prominente Inhaftierte waren die Anwältin Margaret Ng, der Medienunternehmer und Milliardär Jimmy Lai und die ehemaligen Abgeordneten des demokratischen Spektrums Albert Ho, Lee Cheukyan and Leung Kwok-hung. Das Kalkül hinter den Verhaftungen mag die Annahme gewesen sein, dass sowohl die Weltöffentlichkeit als auch die Hongkonger selbst zu diesem Zeitpunkt zu sehr mit Covid-19 beschäftigt seien, um von den Ereignissen in der Stadt Notiz zu nehmen. Großdemonstrationen gab es im Jahr 2020 keine, und es stand aufgrund der Pandemie auch nicht zu erwarten, dass es eine Kundgebung als Reaktion auf die Verhaftungen geben würde. Tatsächlich aber nahm die Weltöffentlichkeit die Ereignisse sehr wohl wahr.

Aufgrund der Pandemie haben viele Staaten in der Welt ihre Haltung gegenüber der Volksrepublik verändert. Zwar gehen die wenigsten so weit wie die USA, die behaupten, es gäbe eine Wahrscheinlichkeit, dass China das Virus mit Absicht in die Welt gesetzt habe. Aber eine breite Allianz, die von Australien bis nach Russland reicht und alle Länder der Europäischen Union einschließt, fordert eine Untersuchung der Entstehung und Verbreitung von Covid-19. Die Volksrepublik lehnt eine solche Untersuchung bisher ab.

In den Vereinigten Staaten von Amerika blieb zumindest ein Auge der Politik weiterhin auf Hongkong gerichtet, auch wenn das Land am heftigsten von der weltumspannenden Pandemie betroffen ist. US-Außenminister Mike Pompeo verurteilte die Volksrepublik scharf für ihr Vorgehen gegen die Demokratiebewegung. Er mahnte China, sich an die gegebenen Versprechen der Sino-British Joint Declaration zu halten. Auch Chris Patten meldete sich zu Wort und sagte, dass Chinas Vorgehen in Hongkong ein weiterer schwerer Schlag gegen Rechtsstaatlichkeit und Transparenz sei.

Den Verhafteten wurde zur Last gelegt, sich im Sommer 2019 an den Demonstrationen für Demokratie beteiligt und sich dabei nicht an die Auflagen gehalten zu haben. Die Demonstranten sollen nicht genehmigte Routen gewählt und die Kundgebungen länger als erlaubt angedauert haben. Pekings Statthalter in Hongkong wollen mit den Verhaftungen Bilder mit Symbolcharakter produzieren, die den Menschen in der Volksrepublik suggerieren, dass Peking die Lage im Griff habe, und den Menschen in Hongkong den Mut und die Hoffnung nehmen sollen.

Und Peking hat bereits zum nächsten Schlag ausgeholt: Die chinafreundliche Mehrheit im Legislative Council hat im Mai 2020 erreicht, das wichtige House Committee mit einer Person aus ihren Reihen zu besetzen. Die Vorsitzende dieses Komitees hat die Macht, Gesetzgebungen wie das 2003 bekämpfte Sicherheitsgesetz oder das 2019 abgeschaffte Auslieferungsgesetz einzubringen und deren Implementierung zu befördern. Bei der Installation von Starry Lee Wai-king als Vorsitzende wurden Vertreter des prodemokratischen Lagers von Sicherheitsleuten abgeführt. Sie hatten zuvor behauptet, dass das chinesische Lager die Regeln für die Besetzung des Postens missachtet habe, und deshalb gegen Starry Lee demonstriert. Was von der neuen Vorsitzenden zu erwarten ist, machte sie gleich deutlich: Das Wichtigste, so sagte sie, sei es nun, ein Gesetz durchzubringen, das die Nationalhymne besonders schütze. Jede Umdichtung, jede Politisierung der Hymne soll bestraft werden. Sicherheitsgesetze und nationalistische Erziehungsagenden kündigen sich damit bereits an. Und wieder zeigt sich: Peking lässt nicht locker. Die Nomenklatura in China will sich um keinen Preis geschlagen geben. Es steht zu erwarten, dass alsbald ein neuer Vorstoß gemacht wird, der große Ähnlichkeit mit dem Auslieferungsdekret oder dem Sicherheitsgesetz haben wird.

Um dies voranzutreiben, brachte Pekings offizieller Vertreter in der Stadt, Luo Huining, erneut ein Sicherheitsgesetz ins Gespräch. Die Demokratiebewegung wird von Peking damit in einen Kampf an zwei Fronten verwickelt: Zum einen werden die Demokratievertreter im Parlament und auf der Straße gegängelt, verhaftet und somit vom öffentlichen Leben und von Wahlämtern in Hongkong ausgeschlossen. Zum anderen arbeitet Peking an der nächsten Version eines Konstrukts, das die rechtliche und innenpolitische Unabhängigkeit Hongkongs zerstören soll. Das Jahr 2020 wird für die Zukunft Hongkongs entscheidend sein.

Hat Hongkong ein Recht auf Unabhängigkeit?

Hongkong ist zweifelsohne ein Teil der Volksrepublik China. Das sieht auch die große Mehrheit der Hongkonger so. Sie fordern keine formelle Unabhängigkeit, wohl aber die vollständige Achtung der ihnen zugesprochenen Rechte. Auch wenn auf den Spruchbändern der Demonstrierenden »Hongkong ist nicht China« zu lesen stand, war damit zuerst gemeint, dass sie sich die Stadt in dem Zustand wünschen, der ihr mit der Rückgabe 1997 zugedacht war. Gleichzeitig betrachtet Peking jede Bestrebung der Hongkonger, ihre Rechte durchzusetzen, als illegitimen Versuch, die Metropole vom Rest Chinas abzuspalten. Aber das ist nicht die Absicht der Demokratiebewegung, die ihre fünf Forderungen klar benennt. Die Unabhängigkeit Hongkongs wird darin nicht erwähnt.

Das Thema Unabhängigkeit treibt Peking auch mit Blick auf Taiwan um. Die Insel ist de facto unabhängig, wird aber de jure auch von ihren treuesten Verbündeten wie den USA immer noch anders behandelt als Staaten, mit denen diese Verbündeten volle diplomatische Beziehungen haben. Die Kommunistische Partei Chinas hat die Regierung von Präsidentin Tsai Ing-wen mehrfach davor gewarnt, die Unabhängigkeit anzustreben. Taipeh hat darauf nur eine Antwort: Man müsse die Unabhängigkeit nicht erklären, da man bereits unabhängig sei. Gleichzeitig verlangt die taiwanesische Verfassung bis auf den heutigen Tag eine Wiedervereinigung mit dem chinesischen Festland. Das amerikanische Magazin *The Atlantic* hat Taiwan im Juli 2019 völlig zu Recht eine »geopolitische Absurdität« genannt. Weil Peking so sehr fürchtet, dass sowohl Taiwan als auch Hongkong früher oder später ihre Unabhängigkeit erklären werden, soll im Folgenden erörtert werden, ob Hongkong das Recht auf Unabhängigkeit je zufallen mag – und wenn ja, unter welchen Umständen.

Während meiner Zeit in Hongkong und Taiwan kam es zu Kataloniens Bestrebungen nach Unabhängigkeit von Spanien. Meine Studierenden waren elektrisiert und fragten – in Hongkong und Taiwan gleichermaßen –, ob die Ereignisse in Spanien einen Vorbildcharakter für ihre Situation einnehmen könnten. Sie sympathisierten mit den Katalanen, sie wähnten sich in einer vergleichbaren Situation. Die Unabhängigkeitsbestrebungen Kataloniens wurden von Spaniens Nachbarn abgelehnt, was Peking dazu veranlasste, den westlichen Ländern vorzuwerfen, sie würden zweierlei Maßstäbe anlegen. Auf der einen Seite würden sie die Hongkonger zur Unabhängigkeit ermutigen, um die Volksrepublik zu schwächen, auf der anderen Seite, dort, wo sie selbst betroffen wären, würden sie Unabhängigkeitsbestrebungen unterbinden.

Ein vergleichender Blick auf Katalonien und Hongkong kann helfen, die Unterschiede aufzuzeigen. Noch einmal soll betont werden, dass weder Hongkong noch Taiwan eine solche Forderung gestellt haben, auch wenn China das so darstellen mag. Es geht also hier darum, die Bedingungen herauszustellen, die ein solches Szenario legitimieren könnten. Noch jedenfalls hat die Volksrepublik alle Karten in der Hand, eine mögliche Abspaltung zu verhindern. Es wird an ihrem Geschick liegen, ob sie in der Lage ist, den Hongkongern ein Angebot zu machen, das sich von Chinas bisherigem Ansatz maximal unterscheidet.

Katalonien hat als ein Teil des parlamentarischen Königreichs Spanien in der Verfassung garantierte Rechte, die Kataloniens Sprache und kulturelle Tradition sichern und gleichzeitig verbürgen, dass Spanien keine Beschränkungen vornehmen kann. Im Streit mit Spanien geht es den Katalanen vor allem um den Mechanismus des spanischen Länderfinanzausgleichs, der dafür sorgt, dass die einstmals arme Region, die in der Zwischenzeit vor allem durch Tourismus zu beachtlichem Wohlstand gekommen ist, jetzt für andere Teile des Landes Zahlungen leisten muss.

Auch in Deutschland kennen wir diese Debatte, sie kehrt in regelmäßigen Abständen wieder. Wohin sich die Auseinandersetzung in Spanien verstiegen hat, wird am ehesten deutlich, wenn wir als vergleichbaren Fall für Deutschland annehmen, dass die Bayern sich aufgrund ihrer Zahlungen in den Länderfinanzausgleich aus dem Verbund der Bundesrepublik verabschieden wollten. Wir stellen fest, dass die Frage dieses Ausgleichs fraglos eine von Fairness ist, die jederzeit angesprochen und diskutiert werden kann. Trotzdem fällt auf, dass eine Abspaltung als Forderung unverhältnismäßig ist und den Rahmen sprengt.

Im Sinne der oben diskutierten Anlage des demokratischen Verfassungsstaates wäre ein Streben nach Unabhängigkeit nämlich nur dann statthaft, wenn die Verfassung, die den Katalanen ihre Rechte einräumt, verletzt würde, wenn also beispielsweise verboten würde, katalanisch zu sprechen. So lange Spanien aber seine Pflichten gegenüber den verschiedenen Landesteilen erfüllt, wenn die *civil rights* und *social rights* der Bürgerinnen und Bürger gewahrt und geschützt sind, dann gibt es keinen legitimen Grund für die Katalanen, den Verfassungsrahmen Spaniens zu verlassen.

Das ist der elementare Unterschied zu Hongkong: Die Volksrepublik China hält sich nicht an die gegebenen Versprechen und unterzeichneten Verträge. Die Hongkonger wissen, dass die Volksrepublik ihre Rechte nicht achten wird, weil sie diese in den 23 Jahren seit der Rückgabe ebenso wenig geachtet hat. Dass jetzt, einige Schritte vor einer möglichen Forderung nach Unabhängigkeit, bereits eine eigene Identität im Sinne der Zentrum-Peripherie-Theorie konstituiert wird, verwundert nicht. Es ist legitim, in der gegenwärtigen Situation zu prüfen, ob Hongkong überhaupt noch einen Platz in der Volksrepublik hat.

Peking würde jeden, der solche und ähnliche Gedanken laut artikuliert, als separatistisch brandmarken und verfolgen. Denn China sieht und behandelt seine Vertragspartner nicht als gleichwertig. Nur so lässt sich erklären, warum das Land sich an so vielen Stellen und zu unterschiedlichen Gelegenheiten einer partnerschaftlichen Diskussion verweigert und die Lüge dem sachlichen Argument vorzieht. Den Vertretern von Ideologien ist die Fähigkeit zum Dialog nicht gegeben, da sie für sich in Anspruch nehmen, die Inkarnation einer perfekten sozialen Ordnung zu sein (»Die Partei hat immer recht«). Bei einem partnerschaftlichen Dialog kann und soll der Stärkere unter den Diskutanten nachgeben, da er mehr Möglichkeiten hat als die kleineren Partner. Auch diese Vorstellung ist Peking ein Graus: Die KP fühlt sich wohl in ihrer Rolle als Bully, der Hongkong und Taiwan mit Freude tritt, wenn sie schon am Boden liegen.

Dieses Verhalten hat dazu geführt, dass die internationale Gemeinschaft ihre Haltung gegenüber der Volksrepublik grundlegend geändert hat, wenn es um Taiwan und Hongkong geht. Nur kann die Welt für Taiwan mehr tun als für Hongkong, da Taiwan bereits ein unabhängig operierendes Land ist. Denn es ist eine völlig andere Frage, wie eine Unabhängigkeit zu erreichen sei, sollten die formalen Kriterien dafür gegeben sein. Nicht umsonst verschärft die Volksrepublik ihre Kriegsrhetorik, denn der einzige Weg, Taiwan chinesisch zu machen, ist, die Insel zu annektieren. Dem Eiland, das nie formal Teil der Volksrepublik China war, mögen in einer solchen Kriegssituation seine Partner beistehen. Was Hongkong angeht, hat die internationale Gemeinschaft keine Möglichkeit, militärisch in das Geschehen einzugreifen, sollte die sogenannte Volksbefreiungsarmee Hongkong besetzen.

Halten wir fest, dass den Menschen in Hongkong innerhalb des Rahmens, den wir weiter oben unter anderem mit Cicero (»man belügt noch nicht einmal den Feind«), mit dem antiken Grundsatz *pacta sunt servanda* und mit Ralf Dahrendorf (ein legitimer Staat ist ein Verfassungsstaat, und ein solcher gründet auf Menschenwürde, die in Menschenrechte mündet, die wiederum in *civil rights* und *social rights* manifest werden müssen) als demokratisch abgesteckt und definiert haben, ein legitimes Recht zugewachsen ist, ihr Geschick selbst in die Hand zu nehmen, gerade weil China handelt, wie es handelt. In der Praxis würde ein solcher Schritt allerdings Blutvergießen und das Ende Hongkongs bedeuten. Bereits während der Proteste 2019 hatte Peking die Armee an die Grenze zu Hongkong beordert, um gegebenenfalls militärisch eingreifen zu können. Die Truppenbewegung war als Drohung an die Stadt zu verstehen, und sie wurde auch so verstanden. Ein Szenario, wonach die Stadt ihre Unabhängigkeit ausruft, ohne dass die Armee eingreift, ist undenkbar.

Ausblick und Prognose:
Am Geschick Hongkongs entscheidet sich die Zukunft der freien Welt

Ein Sprichwort sagt: »Reisen bildet«, und es stimmt. In Zeiten der Covid-19-Pandemie wird uns schmerzlich vor Augen geführt, dass es das Reisen, so wie wir es kennen, in absehbarer Zukunft nicht mehr geben wird. Das birgt die Gefahr, dass wir die Anderen, die Fremden, jetzt noch weniger als die wahrnehmen können, die sie sind. Ich habe während meiner Zeit in Hongkong und auf Taiwan Menschen kennengelernt und begonnen, ihr Leben Schritt für Schritt zu verstehen und die Herausforderungen zu begreifen, denen die dortigen Demokratien ausgesetzt sind. Und die Volksrepublik: Auch dort bin ich mehrere Male gewesen, in Peking und Shanghai. Gerade weil China heute die größte Herausforderung für die freie Welt ist, ist es mir wichtig zu betonen, dass auch die Menschen dort keine homogene Masse, kein Monolith sind. Wir tendieren dazu, das Eigene als komplex, filigran und vielfältig zu beschreiben und die Anderen als dumpfe, einheitliche Masse abzutun. Das mag unserer evolutionären Entwicklung geschuldet sein, wirklich erwachsen ist es nicht.

In China habe ich mit Start-up-Unternehmern und Investoren über den heimischen und den internationalen Markt gesprochen, über das Potenzial, das sie hier und dort erkennen, und darüber, wie sie es verwirklichen wollen. Es herrscht eine Goldgräberstimmung, und das Politische kümmert sie recht wenig. Unternehmer wollen überall auf der Welt Erfolg haben, und die KP lässt sie gewähren, solange sie sich mit der Partei arrangieren. Ich habe in Peking in Clubs getanzt und dabei mehr als einmal den Satz gehört: »Der DJ ist aus Berlin.« Überall auf der Welt, wo zu EDM getanzt wird, herrscht großer Friede, und die Tanzböden schwingen in Geschwisterlichkeit. Der Verkehr in der chinesischen Hauptstadt ist so grauenhaft wie in New York oder in Mexiko-Stadt. Bei Licht betrachtet teilen wir mehr miteinander, als uns trennt, nicht nur in Ost und West. Wenn wir über China sprechen, dann sprechen wir über 1,4 Milliarden Menschen, die ganz einfach ihrem Leben nachgehen und dabei nicht ständig Mao oder Xi rezitieren. Die gefährliche Masse, die »gelbe Gefahr«, wie sie uns in Deutschland schon mehrfach auf dem Cover des *Spiegel* mit einer bedrohlichen Fratze gezeigt wurde, sie existiert nicht. Jedenfalls nicht in der Weise, wie wir uns das stark vereinfacht vorstellen.

Es gibt viele Menschen in China, die von der Modernisierung ihres Landes unter Deng Xiaoping profitiert und die Armut hinter sich gelassen haben. Dengs pragmatischer Ansatz überzeugt noch heute viele Chinesinnen und Chinesen. Er baute auf eine Kooperation mit den USA – und dem Rest der Welt – und ließ vom Kommunismus als Wirtschaftssystem nicht viel übrig. Unter Präsident Xi wurden diese marktwirtschaftlichen Mechanismen zurückgefahren oder gar ausgehöhlt. Das kritisieren viele, auch in China. Wir sollten andererseits auch nicht außer Acht lassen, dass es sehr viele Chinesen gibt, die das existierende System unterstützen und für gut befinden. Einige meiner Freunde in der Volksrepublik sagten mir, dass sie mit dem »Social Scoring« kein Problem hätten, also mit dem automatisierten Überwachen des gesellschaftlichen Verhaltens durch die Partei. Die Vorstellung von Privatsphäre sei in China eine andere. Es helfe allen Beteiligten, wenn wir besser verstünden, warum Gesellschaften sind, wie sie sind, und welche Faktoren einen Wandel in ihnen begünstigen und welche nicht.

Unsere Identitäten werden von den Orten bestimmt, an denen wir geboren werden. Eine Verurteilung Chinas in Bausch und Bogen verletzt die Menschen dort genauso, wie uns hier eine Herabsetzung unserer Heimat schmerzen würde. Mit der Konsequenz, dass weniger miteinander gesprochen wird. In Deutschland führen wir seit Jahren die Debatte, ob es »ein richtiges Leben im falschen« gibt vor dem Hintergrund der Geschichte der deutsch-deutschen Teilung und des Unrechtsstaats DDR. Wir fragen uns, ob Menschen dort überhaupt anständig und gut sein konnten. In derselben Weise mögen wir uns fragen, ob es für die Menschen in China ein gutes Leben in der Autokratie gibt. Menschen, die ihr tägliches Leben meistern müssen, denken meiner Meinung nach nicht in diesen Kategorien. Für sie muss diese Frage wie eine Beleidigung wirken. Sind wir denn automatisch alle gut, weil wir in einer Demokratie leben?

Wenn wir darauf beharren, dass alle Menschen mit derselben Würde geboren werden, und wir feierlich bekennen, dass daraus bürgerliche und soziale Rechte folgen, dann darf es kein »Wir gegen die« mehr geben. Das Menschsein des Anderen hängt nicht von unserer

Zustimmung ab. Im Zuge der Covid-19-Pandemie hat der Rassismus in China und den USA seine hässliche Fratze gezeigt. Hier werden von den Mächtigen Sündenböcke ausgemacht, die vom eigenen Fehlverhalten in der Krise ablenken sollen. In Hongkong hat die Demokratiebewegung auch dazu geführt, dass Rassismus gegenüber Festlandchinesen aufgekommen ist. Dadurch wird das gute Anliegen der Hongkonger von einigen wenigen diskreditiert.

In China und den USA werden diese Ressentiments von den politisch Verantwortlichen geschürt, von Donald Trump und Xi Jinping. Da die Vereinigten Staaten, anders als die Volksrepublik, eine Demokratie sind, ist Protest gegen Politik, Parteien und Regierung erlaubt, es werden kritische Zeitungsartikel verfasst, und es gibt heftige Diskussionen in den sozialen Netzwerken. Im November 2020 soll erneut gewählt werden, und die Amerikanerinnen und Amerikaner können eine neue Führung bestimmen, wenn sie es denn wünschen. Diese Möglichkeit haben die Menschen in der Volksrepublik nicht. Das liegt am System, das die KP errichtet hat und bis heute zum reinen Machterhalt weiterführt, auch wenn die ideologischen Prinzipien des Maoismus längst keine Bedeutung mehr haben. Meine Kritik gilt diesem System. Gleichzeitig sind die Menschen, die in dem System leben, nicht alle Opfer, die wenigsten jedenfalls werden sich selbst so sehen. Wir müssen darauf setzen, dass die Menschen in China sich irgendwann selbst ermächtigen, die Alleinherrschaft der KP zu beenden, wenn für sie der Moment gekommen ist. Chinesen sind keine Lemminge, die immer nur brav tun, was die Regierung bestimmt.

Folgt daraus, dass es mehr oder weniger egal ist, ob man in einer Demokratie oder in einer Autokratie lebt? Sollen wir einem politischen Relativismus das Wort reden? Hat Xi Jinping am Ende recht, wenn er sagt, Demokratie sei nichts für Chinesen, weil diese aufgrund ihrer Geschichte zu einer anderen Lebensform neigten? Die Demokratie sei als Regierungsform, die von den Europäern erfunden wurde, wiederum die beste für die Menschen im Westen? Mitnichten!

Denn hier wird geschickt die Behauptung kultureller Autonomie im Angesicht westlicher Dominanz aufgestellt, wo es doch denen im Westen, die sich zu Hongkong, Taiwan, Xinjiang und Tibet äußern, ja gerade um jene kulturelle Autonomie für die Menschen geht, die in Chinas kommunistischem Superreich ihrer Menschenwürde beraubt und entrechtet werden. Es stehen sich in der Welt heute, um hier der irrigen Theorie Huntingtons zu widersprechen, eben nicht die christliche und die islamische, die westliche und die sinische Welt gegenüber. Kulturelle Konflikte sind meist behauptet, sie werden angezettelt, um eine ausgrenzende Identitätspolitik zu rechtfertigen.

Am Beispiel der Europäischen Union sieht man hingegen, dass regionale, kulturelle und sprachliche Unterschiede keine Rolle spielen müssen, wenn man Politik wirklich konstruktiv gestalten will: Angelegenheiten des *cultus*, also der Lebensweise, wie es aus dem Lateinischen übersetzt heißt, beispielsweise Bildungspolitik oder religiöse Angelegenheiten, sind den Mitgliedsstaaten überlassen. Der Rechtsrahmen der Europäischen Union ermöglicht es den Menschen, ihre eigenen Identitäten zu definieren und zu leben.

Es zeigt sich an so vielen Orten der Welt heute zweifelsfrei, dass Nichtdemokratien nicht bereit sind, diesen Schritt mitzugehen. Neuer Kolonialismus, neuer Imperialismus sind nicht die Sache der freien, demokratischen Welt, sondern der anderen: Xi Jinping glaubt, dass die Han-Ethnie und ihre Kultur den 55 ethnischen Minderheiten in China überlegen seien. Narendra Modi glaubt, dass der Hinduismus der Kultur der 200 Millionen Muslime, die in Indien leben, überlegen sei. Recep Tayyip Erdogan glaubt, dass die osmanisch-islamische Kultur allen anderen überlegen sei. Wladimir Putin glaubt, dass allein die illiberale, russisch-orthodoxe Kultur in der Lage ist, den Relativismus des Westens aufzuhalten.

Auch hier gilt, dass den Protagonisten dieser autokratischen Weltanschauung widersprochen wird: Es gibt eine Opposition in Russland, die unter Lebensgefahr gegen die Diktatur im Land protestiert. Die Hälfte der Türken hat Erdogan nicht gewählt. Diejenigen, die die »Xinjiang papers« an die *New York Times* geleakt haben, verfolgen eine andere Vision für China als Präsident Xi. Risse existieren nicht zwischen Ländern und Kulturen, wie Samuel Huntington annahm, sondern vielmehr innerhalb von Gesellschaften, deren Mitglieder der freien oder der unfreien Regierungsweise zuneigen beziehungsweise in der demokratischen oder nichtdemokratischen Welt leben (müssen).

Dabei gibt es in der unfreien Welt sehr wohl eine Vorstellung von Menschenrechten und das Wissen darum, dass sie heute die Grundlage der Weltordnung darstellen. In Hongkong und auf Taiwan, wo die Menschen die Wahl haben zwischen Xis autoritärem Überwachungsstaat und einer freien, demokratischen Gesellschaft, entscheiden sie sich für das freiheitliche Modell. Die Menschen in der Mongolei, die zwischen China und Russland eingeklemmt ist, haben sich für eine Demokratie entschieden und versuchen diese so gut wie möglich zu bewahren.

Für Huntington ist »der Westen« eine feststehende Größe, ein umschlossener geographischer Raum, zu dem China nicht gehört und niemals gehören kann. Das ist sein großer Irrtum: Ideen haben schon immer den Erdball umrundet und weit weg von ihrem geographischen Ursprung Anhängerinnen und Anhänger gefunden. Gibt es also eine Idee, die heute noch eine rein westliche wäre? Autokraten in Europa, die Anführer Ungarns und Polens, behaupten mit glühendem Eifer, dass Europa ein christlicher Kontinent sei, der gegen die Muslime verteidigt werden müsse. Die christliche Religion ist für sie die Essenz des Kontinents.

Diese Behauptung hält einer Überprüfung durch die Wirklichkeit nicht stand: Das Christentum stammt aus dem Nahen Osten und wurde in Europa zu dem, was es heute ist, durch Kaufleute und Soldaten, die es aus der römischen Provinz Palästina mitbrachten. Heute leben Christen überall auf der Welt, ihre Lehre hat soziale Bewegungen wie die Bürgerrechtsbewegung in den USA oder die Befreiungstheologie in Lateinamerika inspiriert. Der Marxismus ist ohne die christliche Vorstellung von der Geschichte nicht zu denken, die Umweltbewegung ist in Teilen vom christlichen Schöpfungsgedanken getragen. Zu allen Zeiten und an allen Orten haben Menschen Ideen aufgegriffen, in Teilen oder als Ganzes, und in ihr existierendes Weltbild integriert.

Ist das Christentum also eine westliche Idee? Auch in

China leben Christen, drangsaliert von der atheistischen KP, die das Menschenrecht auf Religionsfreiheit nicht anerkennt. Sind sie weniger Christen, weil sie außerhalb Europas leben, oder gar mehr Christen, weil sie, ihrem Heiland gleich, wegen ihres Glaubens unter Verfolgung leiden? Das Gleiche gilt für die demokratische Idee, die, wenn wir so sagen möchten, im antiken Griechenland geboren wurde, heute aber an den Orten der Welt, wo sie sich entfaltet, neben einem Wesenskern in regionalen Ausprägungen existiert. Die Menschen in Hongkong und auf Taiwan sind keine Christen, aber Demokraten. Dort verbinden sich die buddhistische oder konfuzianische Kultur mit der Demokratie und fördern so etwas Neues zutage, was erkennbar an das Demokratische in anderen Teilen der Welt anknüpft und zugleich etwas Eigenes ist.

Vor diesem Hintergrund ist die Debatte, ob und wie sehr das Christentum den Grundgedanken zu den Menschenrechten geprägt hat, eine akademische. Alle 192 Mitgliedstaaten der Vereinten Nationen haben die Menschenrechtscharta unterzeichnet. Was die Charta festhält, ist mit den Mitteln der Vernunft und der Empathie zu erfassen, keine religiöse Doktrin ist nötig, um sie zu verstehen und zu akzeptieren. Im Menschenrechtsgedanken mögen Christen Christliches und Buddhisten Buddhistisches erkennen. Um das Ideal anzuerkennen, ist es aber nicht nötig, der einen oder anderen Religion oder überhaupt einer Weltanschauung anzugehören.

Der Kern unseres Menschenrechtsgedankens wurde bereits in der Antike von Cicero ausformuliert. Er sprach, wie wir gesehen haben, von einem Band, das alle Menschen miteinander verbinde. Aus diesem Band erwachsen uns Aufgaben und Pflichten innerhalb eines Gemeinwesens, also gegenüber unseren unmittelbar Nächsten, genauso wie außerhalb gegenüber jenen, die aus der Ferne aufgrund unseres gemeinsamen Menschseins in unsere Nähe rücken. Die Pandemie, die wir gemeinsam durchleiden, hat uns viele Beispiele gegeben, die diese Sorge der Menschen untereinander verdeutlichen: Covid-19-Patienten aus den von der Pandemie geplagten Nachbarländern Frankreich und Italien konnten nach Deutschland gebracht und dort behandelt werden. Taiwan sendet Masken in alle Welt, verbunden mit Signalen der Bereitschaft, die eigenen erfolgreichen Rezepte bei der Bekämpfung der Pandemie mit der Welt zu teilen.

Unser Empfindungsapparat kann uns genau sagen, ob der emphatische Reflex für gutes Handeln an unseren Mitmenschen aus Sorge um unser gemeinsames Menschsein einsetzt oder nicht. Die US-Regierung hat es auf dem Höhepunkt der Pandemie im Frühjahr 2020 vorgezogen, medizinische Lieferungen, die für Deutschland bestimmt waren, einzuziehen und damit vor aller Welt einen grotesk unsolidarischen Akt begangen. China wollte von Ländern, die seine Hilfen erhalten haben, erzwingen, dass die betreffenden Regierungen Peking und Xi Jinping preisen. Wer in einer humanitären Krise so agiert, offenbart ein Defizit an Empathie und Mitmenschlichkeit.

Wir sehen, dass eine Politik von Strongmen zu weniger Empathie führt als zu mehr. Das lässt sich auch daran gut erkennen, dass die autokratischen Länder wenig bis gar nicht miteinander zusammenarbeiten, da ihnen jede Form von Kooperation als eine Art Verrat am eigenen Volkskörper zuwider ist. Es ist tröstlich zu sehen, dass unser demokratisches Ökosystem trotz der Erbärmlichkeit, die Autokraten an den Tag legen, funktioniert und in der Lage ist, eine Krise wie die Covid-19-Pandemie zu überstehen. Der gemeinsame Wertekanon verbindet Deutsche und Taiwanesen mehr als das gemeinsame Erbe heute Taiwanesen und Chinesen miteinander verbindet. Dieses demokratische Ökosystem schließt so unterschiedliche Länder wie Taiwan, Südkorea, die Mongolei, Deutschland, Uruguay und Kanada ein. Sie formen eine Allianz von Ländern, die kulturell, religiös und sprachlich verschieden sein mögen, aber heute bei all den Lebensvollzügen, in dem *cultus*, der maßgeblich ist, gleichgesinnt agieren. Präsident Xi verachtet nichts mehr als die taiwanesische Demokratie, denn sie ist der beste Beweis dafür, dass seine ethnozentrische, exklusive Weltanschauung falsch ist.

Der Unterschied zwischen Taiwan und der Volksrepublik ist buchstäblich mit Händen zu greifen, wenn man die beiden Länder besucht. Skeptische Blicke, Misstrauen begleiten einen in Peking auf Schritt und Tritt. Taxifahrer lehnen es ab, Fremde mitzunehmen, und an den Eingängen von Bars kleben Aushänge, die Ausländern das Betreten verbieten. Selbst wenn man mit chinesischen Freunden unterwegs ist, gibt es keine Garantie, dass man anders behandelt wird. Ganz anders in Taiwan: Die Leute auf der Insel sind umtriebig, laut, sagen ihre Meinung. Ausländer sind willkommen, man wünscht sich Austausch mit der Welt. Ich bekam häufig zu hören, dass man sich besonders über Ausländer freue, weil diese, wieder zu Hause, über ihre Erfahrung in Taiwan sprechen und somit ein falsches, von China geprägtes Bild korrigieren können. Ich hatte natürlich auch in der

Volksrepublik gute Begegnungen mit Menschen. Was ich berichte, kann nur anekdotisch und nicht allgemeingültig sein.

Neben diesem Anekdotischen habe ich eine Beobachtung gemacht, die an den Kern des Unterschieds zwischen Demokratie und Autokratie heranführt und verdeutlicht, was die Autokratie für Menschen bedeutet: Sie werden furchtsam und paranoid. Im November 2019 habe ich Shanghai wieder besucht und dabei Bekannte von meiner letzten Reise und Freunde von Freunden getroffen und mich mit ihnen beim Kaffee oder einer leckeren heißen Mahlzeit ausgetauscht. Egal zu welcher Tageszeit, egal ob auf einer Terrasse oder in einem Einkaufszentrum, meine Gesprächspartner haben sich immer umgeschaut, um zu sehen, ob wir beobachtet werden. Platz genommen haben wir, wenn immer das möglich war, weit weg von anderen besetzten Tischen.

Ich war in Shanghai, um an einer deutschen Institution einen Vortrag darüber zu halten, wie Deutschland die Wiedervereinigung gemeistert hat und was es noch zu tun gibt, um die deutsche Einheit zu vollenden. Mein Beitrag war einer von vielen im Rahmen einer Veranstaltungsreihe zum 30-jährigen Jubiläum des Mauerfalls. Der KP gefiel das Thema des Vortrags gar nicht. Über einen Mittelsmann ließ man die Organisatoren wissen, dass es allen Professoren in Shanghai verboten sei, auf einem Panel oder als Besucher an der Veranstaltung teilzunehmen. Gleichzeitig wurde dafür geworben, alle Veranstaltungen dieser Reihe abzusagen. Grund war vor allem das Thema meines Vortrags – fallende Mauern, Menschen, die auf die Straße gehen und für ihre Rechte, für die Freiheit einstehen. Ich sollte zu einem Zeitpunkt sprechen, da Abertausende Menschen im 1200 Kilometer entfernten Hongkong seit mehreren Monaten für diese Freiheit auf die Straße gegangen waren.

Die kommunistische Führung wollte den Veranstalter nicht zur Absage zwingen, denn das hätte unter Umständen einen Eklat provoziert. Am Ende kamen etwa 120 Gäste. Meine Zuhörer sind nach dem Vortrag nicht auf die Straße geströmt, um Demokratie in China zu fordern. Die chinesischen Behörden sahen die Veranstaltung dennoch als eine Gefahr. In einem Umfeld, in dem ständig von ausländischen Mächten gefaselt wird, die Chinas Ordnung zerstören wollen, ist kein rationaler Diskurs mehr möglich. Was den Menschen zuerst als Teil des autokratischen Einmaleins serviert wird, die Behauptung eines äußeren und inneren Feindes, erfasst am Ende den Absender dieser abstrusen Verschwörungstheorie selber.

Nach drei Tagen in Shanghai hatte ich genug, auch wenn die Hafenstadt vielleicht noch der liberalste Flecken Chinas ist. Immer muss man aufpassen, was man sagt. Es besteht die Gefahr, dass die Menschen, mit denen man sich trifft, einbestellt werden. Angst wird zu chronischer Paranoia. Nur vor diesem Hintergrund kann man verstehen, warum 120 Deutschlandliebhaber zu einer potenziellen Gefahr für den Fortbestand der Volksrepublik hochgejazzt werden.

Aus Rücksichtnahme auf den Veranstalter habe ich den Vortrag leicht modifiziert gehalten. Ich habe die deutsch-chinesische Beziehung gelobt sowie die chinesische Küche gepriesen. Wer auch immer in unseren Breiten behauptet, wir lebten nicht mehr in einer Demokratie, man dürfe bei uns nicht mehr sagen, was man wolle, dem empfehle ich ein paar Tage in Ländern, in denen freies Denken und Sprechen wirklich untersagt sind und Menschen geradewegs ins Gefängnis führen. Ein solcher Kontrollwahn ist das hässliche Geschwisterchen der Paranoia. Beide sind dort zu Hause, wo Autokraten herrschen. Denn wer das Faustrecht liebt und etabliert, muss konstant damit rechnen, dass ihm jemand anderes auflauert, um ihm die Macht zu entreißen. Der Krieg aller gegen alle ist in der Realität der Volksrepublik ein Kampf, der tagaus, tagein mit psychologischen Mitteln geführt wird.

Kontrollverlust droht in einer Veranstaltung mit einem Redner, dem das Publikum ohne vorherige Abstimmung Fragen stellen kann. Meine Übersetzerin wurde nach dem Vortrag bei einem Gläschen Sprudel mit einer solchen Frage konfrontiert: Wie der Referent denn wohl eine Wiedervereinigung Chinas sehe? Der Fragesteller meinte dies im Hinblick auf Taiwan, vielleicht auch im Hinblick auf eine völlige Integration Hongkongs in die Volksrepublik ab 2047. Eine Antwort musste ich auf die heikle Frage nicht geben, denn die Übersetzerin zog es vor, mich nicht mit dem Fragesteller zusammenzubringen. Meine Antwort hätte niemanden in der KP erquickt, denn meines Erachtens haben sich sowohl »Ein Land, zwei Systeme« als auch »Ein China«, die Ecksteine chinesischer Politik, erledigt und ist Xi Jinping mit seiner »Interpretation« dieser Formeln in Hongkong und Taiwan gescheitert. Da der autokratische Führer aber nicht scheitern kann, weil nicht sein kann, was nicht sein darf, wird Peking keinen Kurswechsel vornehmen. Jeder neue Anlauf, Hongkong und Taiwan zu integrieren, würde einen Geist der Partnerschaft auf Augenhöhe voraussetzen, den die Volksrepublik bisher nicht zu geben bereit war. Ein »Greater China« aber, der Begriff steht für ein integriertes Ganzes aus China, Taiwan, Macau und Hongkong, kann es nur unter der Voraussetzung einer Freundschaft geben, die alle Beteiligten als gleichberechtigte Freunde sieht. Dieses »Greater China« wäre allerdings höchstens eine Föderation, denn die Taiwanesen haben mehr als einmal klar gemacht, dass sie ein eigenständiges Land bleiben möchten.

Warum entscheidet sich nun das Schicksal der freien, demokratischen Welt in China? Weil das demokratische Ökosystem insgesamt leidet, wenn eines seiner Glieder leidet. Weil die Stärke der demokratischen Länder darin liegt, miteinander daran zu arbeiten, dass die Demokratie besser wird und sich so schlagkräftig den Fragen der Zukunft widmen kann. Autokraten verachten andere Autokraten, weil sie eine Konkurrenz im ewigen Kampf aller gegen alle sind.

Ganz anders in der Demokratie, die sich idealerweise, wie Fukuyama es postuliert hat, in einer Art Ruhezustand befindet, in der sie nicht ständig von Konfrontation geprägt ist und Angst davor haben muss, ausgebootet oder überfallen zu werden. In diesem Zustand kann sie sich den Fragen der Good Governance widmen. In einer Demokratie ist es überdies unerlässlich, dass wirkliche Politik gemacht wird und keine Scheinpolitik. Good Governance, also echtes Regierungshandeln, kann nicht durch Symbolpolitik ersetzt werden. So wechselseitig miteinander verbunden, agieren die Demokratien in ihrem Ökosystem emphatisch.

Emphatisch meint hier, sich wechselseitig in die Argumentation des anderen hineinzuversetzen und von einer grundsätzlich gleichberechtigten Warte aus Lösungen für Probleme zu finden. Dass Hongkong ein Teil Chinas ist, steht außer Frage. Als Teil des Ganzen hat es aber eine eigene Identität und eigene Bedürfnisse, die daraus erwachsen. Es wäre der Kommunistischen Partei Chinas möglich, diese zu respektieren, ja sogar zu fördern. Denn, das wissen alle, die in einem föderativen Staat leben, das Ganze ist nur so gut wie seine Teile.

Peking allerdings scheint eine alte imperiale Vorstellung zu seiner ideologischen Maxime zu machen: Das prinzipiell zur Herrschaft Legitimierende hat vom Zentrum, von Peking, auszugehen, während die Kraft des Legitimen, Wahren und Gerechten abnimmt, je weiter man sich von diesem Zentrum entfernt. Um die Peripherie dauerhaft ans Imperium zu binden, sind Demonstrationen von Macht gefragt, keine Zugeständnisse, die als Zeichen der Schwäche ausgelegt werden und so das Reich desintegrieren könnten. Es ist nicht völlig aus der Luft gegriffen, wenn man vermutet, dass diese Vorstellung von Herrschaft aus der vorkommunistischen Zeit stammt und das kommunistische China eine Art Neuauflage dieser alten imperialen Haltung darstellt: *Tinaxia* – »alles unter dem Himmel« – wies den chinesischen Kaiser als »Sohn des Himmels« und als Regenten über alle irdischen Länder aus, die unter dem Himmel vereint waren. Das Vermengen von konfuzianisch-imperialen Vorstellungen mit dem Machtapparat der Kommunistischen Partei schafft heute jenes Gemisch, dass Xi Jinping wichtigtuerisch »Sozialismus mit chinesischer Prägung« nennt.

Kein politisches System entsteht aus dem Nichts, weder im Osten noch im Westen. Die Frage, die sich stellt, ist folgende: Wie werden die verschiedenen Komponenten einer politischen Identität zusammengeführt und zusammengehalten? Präsident Xi hat, anders als seine Vorgänger, den historischen Teil des heutigen Politsystems, das konfuzianische Erbe, aufgewertet, um den Machtanspruch der KP zu untermauern. Mit konfuzianischen Sentenzen, die während der Kulturrevolution noch als lachhaft abgetan wurden, soll die chinesische Gesellschaft heute die Kontinuität von Herrschaft spüren, die die Kommunistische Partei Chinas ist. Neben die konfuzianische Philosophie wird eine nüchterne, kalte Technokratie gelegt, die Governance als Überwachung ihrer Bürger begreift. Wer gegen das aus Weisheiten von Konfuzius und Xi Jinping bestehende Regelwerk verstößt, rüttelt an den Grundfesten der Ordnung. Xi ist der neue »Sohn des Himmels«, der König am guten und gerechten Hof, ähnlich dem Hof, dem Konfuzius einst Regeln und Ethik vorgegeben hat. Die Behauptung einer solchen historischen Kontinuität soll Legitimität mit sich bringen.

So wollten sowohl die deutschen Kaiser, die russischen Zaren als auch die osmanischen Herrscher für sich in Anspruch nehmen, die legitimen Nachfolger Roms zu sein. Dort, wo vergangene Herrschaft verklärt wird, wird sie zum Angelpunkt einer neuen politischen Erlösungslehre. In diesen Raum hinein rufen auch Huntington und Fukuyama: Sie entsprechen dem Wunsch, Geschichte systematisch und als Gleichnis einer höheren Wirklichkeit zu denken. Hegels Idee von der Geschichte als einer Linie, die den Aufstieg und Untergang von Imperien beschreibt, steht den beiden amerikanischen Historikern Pate. Putin bedient sich in ähnlicher Weise solcher historisierenden Stereotypen, wenn er das orthodoxe Russland als Bollwerk gegen westliche Dekadenz in Stellung bringt. Gleiches tut Erdogan, in dessen Vision die Türkei ein Wiedergänger des osmanischen Reiches ist. Und nicht zuletzt ist das auch Orbáns Traum, wenn er Ungarn als glorreiches katholisches Land im Kampf gegen eine islamische Bedrohung positioniert. Warum ist das schlecht, und was machen Demokratien anders?

In Hongkong und Taiwan hat man sich entschieden, die Vergangenheit nicht zum Maßstab des Künftigen zu machen. Religion und Ethnie sind in einer solchen Gesellschaftsordnung unwichtig, vielmehr zählt das bürgerschaftlich-demokratische Engagement jedes Einzelnen. Ja, Hongkongs Geschichte ist Teil der Geschichte Chinas. Aber erwächst daraus ein Anspruch Chinas auf die Zukunft Taiwans und Hongkongs? Taiwans Geschichte ist unmittelbar mit dem Chinesischen Bürgerkrieg verknüpft, es könnte die 5000 Jahre chinesischer Geschichte, genauso wie die Volksrepublik es tut, zur Grundlage eines heute gültigen Narrativs machen. Dieses Erbe ist aber für die Taiwanesen immer irrelevanter. Die Wiederwahl von Tsai Ing-wen und der Demokratischen Fortschrittspartei im Januar 2020 belegen das. Sie stehen nicht für die Vergangenheit, für die chinesische Geschichte und Kultur, sondern richten ihr Denken nach vorne, auf die Zukunft, an der die Taiwanesen als demokratische Nation teilhaben wollen.

In Taiwan werden Demokratie und Rechtsstaatlichkeit immer mehr als das Eigene erfasst, als wichtigstes Element gegenwärtiger Identität und damit als sicherste Wette auf ein gutes Leben in der Zukunft. Ähnliches spielt sich in Hongkong ab, im Kampf mit dem Alten, mit dem kommunistischen China, das nicht nach vorne, sondern zurückschaut und dabei imperiale Glorie mit der antiken ethischen Lehre des Konfuzius und einer modernen politischen Ideologie verbindet. Selten war so viel Vergangenheit in einem Land, das sich in Städten wie Shanghai und Shenzhen als Zukunftsmacher präsentiert. In einem politischen System, das seine Legitimation historisch herleitet, bleibt die Verfolgung von Stimmen, die anders sind, natürlich nicht aus. Wenn Herrschaft nicht diskursiv begriffen und emphatisch gedämpft wird (also mit einem Verständnis für die gewisse Vorläufigkeit politischer Entscheidungen und der immer gegebenen Möglichkeit des Scheiterns), kann sie nur in Repression und Unterdrückung führen. Eine paranoide Gesellschaft verbaut sich Zukunftschancen, die es nur da gibt, wo freies Denken erlaubt ist und nicht sanktioniert wird. Ein Standort wie Shanghai hat deshalb weniger Strahlkraft als Hongkong oder Taipeh.

In Shanghai unterbrach ein Investor im Gespräch mit mir seine Gedanken zu einer neuen Businessidee, um einen zweiminütigen Block einzuschieben, der wie eine Werbesendung für Xi Jinping klang. Nachdem er seine Sätze abgespult hatte, ging es, als wäre nichts gewesen, weiter im Text. Es fühlte sich an, als wäre seine Vorstellung für die in der Wand versteckten Mikrofone aufgeführt worden. Im demokratischen Hongkong hingegen müssen Investoren nicht auf politische Empfindsamkeiten eingehen, wenn sie über ihre Geschäftsideen oder die Weltwirtschaft sprechen. Ein demokratisches Taiwan ist der bessere Partner in einer Welt, die auf ehrlicher Kommunikation basiert, als die Volksrepublik China, die selbst im Auge einer globalen Katastrophe dem Rest der

Welt bewusst die Wahrheit über das Ausmaß der Coronapandemie verschweigt.

»Sag die Wahrheit« mag klingen wie eine mütterliche Ermahnung. In der Tat ist die Forderung, wahrhaftig zu sein, so essenziell für unser Zusammenleben, dass sie bereits mit der Muttermilch aufgesogen werden muss. »Du sollst kein falsch' Zeugnis geben wider deinen Nächsten« ist das achte von Gottes Zehn Geboten. Sie bilden eine der wichtigsten Grundlagen für das Zusammenleben im Judentum und im Christentum. In den abrahamitischen Religionen ist es zudem untersagt, einem Fremden, der nach dem Weg fragt, die falsche Richtung anzuzeigen. Das ist ein Querverweis zu Cicero, der, wie wir bereits gesehen haben, selbst im Krieg verlangt, dem Feind gegenüber ehrlich zu bleiben. Ein Zusammenleben mit anderen Menschen ist unmöglich, wenn man nicht ehrlich zueinander ist. Auch der Grundsatz *pacta sunt servanda* baut darauf: Wenn man sich nicht auf ein vertraglich gegebenes Wort verlassen kann, wird es nie eine friedvolle Zukunft geben.

Die Allgemeine Erklärung der Menschenrechte von 1948 schließlich ist der Schlussstein zu einer jahrtausendealten Suche nach der Geschäftsgrundlage menschlicher Interaktion. Die prinzipielle Gleichheit, die sich aus der Würde jeder Person ergibt, macht menschliches Miteinander zu einer Angelegenheit unter Gleichen. Die Anerkennung der menschlichen Würde als Grundlage jeden Rechts ist die Erfüllung eines Traums, den Menschen wie Cicero geträumt haben. Für ihn war aufgrund der Verbundenheit der Menschen untereinander klar, dass es keine Folter oder Brandschatzung eroberter Städte geben dürfe. In unserer heutigen Welt sind diese Ideen rechtlich kodifizierte Wirklichkeit geworden. Ein Verstoß dagegen wird nicht nur moralisch geahndet, sondern auch juristisch. Das internationale Recht hat sehr gute Möglichkeiten geschaffen, Kriegsverbrecher zu verurteilen. Gleichzeitig müssen wir erkennen, wie dünn der Firnis unserer emphatischen Zivilisation ist und wie sehr wir auf sie achten und sie bewahren müssen, wenn wir uns vergegenwärtigen, wie gewisse Strongmen heute wieder Millionen von Menschen mit einer »Wir gegen die«-Politik zu elektrisieren und mobilisieren in der Lage sind.

Wenn wir unser Argument weiterdenken, wird dann nicht automatisch aus jedem, der mich nicht auf Augenhöhe wahrnimmt, ein Gegner? Mit dieser Frage berühren wir die Überlegungen zu den Grenzen der Toleranz: Wie viele Gegner kann die offene Gesellschaft ertragen, bevor sie selbst ihre eigenen Prinzipien vergisst und in ihren Gegnern jenen Anderen erblickt, den sie bekämpfen muss? Anders als nichtdemokratische Systeme ist die Demokratie sehr wohl in der Lage, mit einer gewissen Anzahl von Gegnern umzugehen. Im Europaparlament sitzen seit 15 Jahren Abgeordnete, deren erklärtes Ziel die Abschaffung der EU ist. Es ist entscheidend für das Gelingen der Arbeit des Parlaments, wie sehr sie sich in das parlamentarische Geschehen einbinden lassen, indem sie Bereitschaft zur Zusammenarbeit zeigen. Wo eine solche Bereitschaft gegeben ist, ist immer auch ein Rest an Empathie vorhanden, der zur Teilhabe am demokratischen Prozess befähigt. Wo diese Bereitschaft nicht mehr gegeben ist, wird ein Systemwechsel angestrebt, der die Werte des Politischen nicht mehr an Maßstäben der Empathie, sondern an jenen des Ressentiments misst.

Die Menschenverachtung, die von den Mitgliedern der sogenannten Alternative für Deutschland an den Tag gelegt wird, zeigt diese hässliche Spielart politischen Agierens. Sie versprühen ihr mit Ressentiments angereichertes Gift in den sozialen Netzwerken oder am Pult des Deutschen Bundestages und suggerieren ihren Anhängern, dass bereits der Hass auf bestimmte Menschengruppen politisches Handeln ist. Beleg dafür ist die Antwort des AfD-Frontmanns Alexander Gauland auf die Frage nach dem Rentenkonzept seiner Partei: »Wir haben keins.« Wer sich und seine Wähler damit beschäftigt, andere Menschen zu hassen, der ist nicht in der Lage, konstruktiv zu agieren und gute Politik zu machen. In Polen und Ungarn ist jede rationale Politik den Allüren der Strongmen gewichen. Es herrscht theoretisch Einigkeit darüber, dass die beiden Länder nicht mehr Mitglieder der Europäischen Union sein können. In der Praxis aber dominiert Ratlosigkeit, denn die Schöpfer des Staatenverbunds haben nicht damit gerechnet, dass einzelne Mitgliedsländer jemals verweigern würden, sich konstruktiv am großen gemeinsamen Werk zu beteiligen.
Das gilt genauso für die internationale Gemeinschaft: Als die USA die Aufnahme der Volksrepublik in die Welthandelsorganisation unterstützten, sind sie davon ausgegangen, dass China sich innerhalb dieses Regelwerkes als fairer Partner einfügen und etablieren würde. Das Gegenteil war der Fall, und so streicht die zweitgrößte Volkswirtschaft der Erde heute immer noch Entwicklungshilfegelder ein und erlaubt gleichzeitig seinen internationalen Partnern nicht, in China in der Weise wirtschaftlich zu agieren, wie es China für sich außerhalb seiner Grenzen in Anspruch nimmt. Auch gegenüber

dem institutionalisierten Raub von Geschäftsgeheimnissen und intellektuellem Eigentum hat die Weltgemeinschaft mehr oder minder tatenlos zugesehen. Erst mit dem Amtsantritt von Donald Trump wurde das unfaire Verhalten Chinas zu einem zentralen Tagesordnungspunkt auf der politischen Agenda, allerdings nicht, wie man es sich wünschen würde, um die WHO zu stärken, sondern um innenpolitisch bei der eigenen Fanbasis zu punkten.

Im Hinblick auf Hongkong gilt das Gleiche: Die internationale Gemeinschaft weiß nicht, wie sie mit einem China, das keine Verträge einhält, umgehen soll. Dadurch steigt die Gefahr einer militärischen Auseinandersetzung, denn am Verhandlungstisch gegebene Zusagen bedeuten China wenig. Wenn die politischen Führer der beiden größten Volkswirtschaften der Welt von Ressentiments, Unehrlichkeit und anderen niederen Instinkten getrieben sind, kann am Ende nichts Konstruktives, nichts Empathisches herauskommen. Empathie ist das Kennzeichen der Demokratie. Emphatische, demokratische Nationen führen keine Kriege gegeneinander. Aus ihr heraus erklärt sich die Kraft der Aussage, dass Demokratien gegeneinander keine Kriege führen. Die USA sind eine Demokratie, China ist keine. Aber ähnliche politische Motive rücken die Präsidenten Xi und Trump in das von Ressentiments gesteuerte Lager. Krieg als Mittel der Politik ist für (echte und Wannabe-) Autokraten kein Tabu. Auf dem Tiefpunkt der Auseinandersetzung zwischen China und Amerika über den Ausbruch von Covid-19 drohte Präsident Trump damit, die WHO zu verlassen, da sie von China korrumpiert und kontrolliert würde. Ob diese Aussage zutrifft, ist noch nicht bestätigt. Die Androhung aber, einen großen globalen Akteur zu verlassen (in einem Moment, in dem das eigene Land am schwersten von der Pandemie betroffen ist), zeigt, dass dogmatisches, ideologisches Denken Trumps Handeln leitet und nicht die Empathie für die eigenen Bürgerinnen und Bürger.

Innenpolitisch nutzen sowohl Xi als auch Trump diese Eskalation. Beide suggerieren ihrer Wählerschaft politisches Handeln, das eigentlich nur eine auf Vorurteilen beruhende Ersatzhandlung ist. Der Rassismus in China gegen Ausländer im Allgemeinen und Menschen aus Afrika im Besonderen, der von der KP befördert wird, hat die gleiche Wurzel wie die Gewalt gegen Ostasiaten in den USA, die durch Donald Trumps wiederholte Brandmarkung des Coronavirus als »chinesisches Virus« legitimiert scheint.

Neben Russland, Ungarn, Polen und der Türkei sind Brasilien und die Philippinen traurige Aussteiger aus der internationalen Gemeinschaft. Jair Bolsonaro lässt Brasiliens Regenwald abholzen und erklärt Covid-19 zu einem Hoax. Auf den Philippinen lässt Machthaber Rodrigo Duterte Menschen erschießen, die er als Drogendealer ausgibt. Wenn die Staatsmänner auf ihr unrechtes Tun angesprochen werden, erklären sie in harschem Ton, dass es sich dabei um innenpolitische Angelegenheiten handele, die den Rest der Welt nichts angingen. In dieser Weise argumentiert auch die Nomenklatura in Peking: Das Ausland hat nicht mitzureden, wenn Menschenrechte mit Füßen getreten und Menschen entrechtet werden.

Länder mit solchen Machthabern müssen als Partner der internationalen Gemeinschaft ausscheiden. Grund zur Annahme, dass sie gemeinsam zu einer Gefahr für die freie Welt werden, besteht nicht. Da jeder der Autokraten der Stärkste auf der Welt sein will, gibt es zwischen ihnen keine Allianzen von Dauer. Weder haben sich Putin und Erdogan auf ein Vorgehen in Syrien einigen können, noch gibt es eine nennenswerte Kooperation zwischen Russland und China.

Strongmen agieren strikt nonlateral: »America First!«, »Brazil First!«, »China First!« – mit solchen Slogans soll gesagt werden, dass jeder Politiker nur für sein eigenes Land verantwortlich sei. In Wirklichkeit bedeutet es aber, dass Politiker wie Trump, Erdogan, Putin oder Orbán sich nur um ihre Wähler sorgen und politisch Andersdenkende als böse Feinde charakterisieren. Darüber hinaus wird »das Ausland« in verschwörungstheoretischer Manier als Gegner ausgemacht. In Polen und Ungarn wird eine jüdische Weltverschwörung behauptet, in Russland wird der dekadente Westen als Feind bezeichnet, weil er beispielsweise Homosexualität nicht bestraft. Für Erdogan sind immer dann dunkle Mächte am Werk, wenn er nicht bekommt, was er will. Auch wenn die USA unter all den Genannten noch die stabilste Demokratie darstellt, es ist für die freie Welt ein harter Schlag, sich bei der Durchsetzung der emphatischen Agenda nicht mehr auf die Vereinigten Staaten von Amerika verlassen zu können.

Kann man angesichts der Situation in Hongkong, angesichts des dramatischen Vertrauensverlustes überhaupt noch mit China als Partner rechnen? Können wir uns als Freunde betrachten? Die öffentliche Meinung spricht eine deutliche Sprache: Eine Umfrage im Mai 2020 hat gezeigt, dass immer mehr Deutsche China vertrauen und immer weniger den USA. Ergibt sich diese Verschiebung aus Chinas massiver Imagepolitik im Zuge seiner Coronaaktivitäten, oder ist die positive Sicht auf die Volksrepublik der Tatsache geschuldet, dass die USA unter Donald Trump den meisten Europäern nicht mehr geheuer sind?

Dazu kommt das Versagen der USA in der Coronakrise. Die Fall- und Todeszahlen spiegeln den Zustand eines Entwicklungslandes, nicht der mächtigsten Industrienation. Jetzt rächt es sich, dass man im Land der unbegrenzten Möglichkeiten – anders als in den westeuropäischen Ländern – alles den Gesetzen des Kapitalismus unterworfen und ohne Not große soziale Ungleichheit hingenommen hat. Barack Obamas Kampf für eine allen zugängliche Krankenversicherung mutete aus europäischer Perspektive fast archaisch an.

Nach welchen Kriterien die deutsche Öffentlichkeit ihre Sympathien auch immer verteilt haben mag, es sind die falschen. Das Beispiel Hongkongs zeigt eindrucksvoll, dass der, der China vertraut, am Ende um alles gebracht ist. Alle Zusagen an Hongkong, Großbritannien und die Welt wurden gebrochen. Auch die Zerstörung, die Donald Trump und seine Administration der demokratischen Weltgemeinschaft angetan hat, ist immens, aber China ist nicht der richtige Partner, um diese Lücke zu füllen. Was immer man über die USA denkt: Unter Donald Trump wurden in den USA keine Konzentrationslager zur Umerziehung ganzer Bevölkerungsgruppen errichtet. Und auch wenn Trump selten verlegen ist um einen aggressiven Ton in den sozialen Netzwerken, er hat zumindest keinem Land angedroht, es militärisch anzugreifen, zu annektieren und zu unterjochen, so wie

Xi Jinping es Taiwan angedroht hat. Es werden in den USA auch keine Journalisten entführt, und es gibt keine Gerüchte, dass Angehörige bestimmter Religions- oder Weltanschauungsgemeinschaften systematisch verhaftet, gefoltert und getötet und ihre Organe geraubt werden, so wie China das mit Falun-Gong-Praktizierenden und den muslimischen Uiguren machen soll.

Damit dürfte die Antwort auf die Frage, ob die Volksrepublik unser Freund ist, gegeben sein: China ist nicht unser Freund. China ist kein Freund individueller, politischer, unternehmerischer, religiöser oder sexueller Freiheit. Die kommunistische Führung überwacht ihre Bevölkerung maximal, jede Regung der Gesellschaft soll allein der Partei dienen. Widerspruch, konstruktive Kritik, Offenheit für Neues – besonders dann, wenn es aus dem demokratischen Ausland kommt –: Fehlanzeige. Das Verhältnis der Welt zu den USA hat unter Donald Trump massiv gelitten. Es ist aber jede, um nicht zu sagen alle Anstrengung wert, dieses Verhältnis zu reparieren, da die Freundschaft zwischen den USA und ihren demokratischen Partnern auf einem gemeinsamen Wertefundament ruht. China können wir nicht verändern. Wir können die demokratischen, pluralen und freiheitlichen Kräfte im Land stärken, aber die Mittel dazu sind begrenzt. Die deutschen politischen Stiftungen, die in China – noch – operieren, sehen sich bereits Repressalien ausgesetzt. Es ist nur eine Frage der Zeit, bevor ihnen die Arbeit in China und im benachbarten Hongkong verboten wird.

Damit das an dieser Stelle gesagt ist: Ich habe kein Interesse und keine gesteigerte Freude daran, China schlecht oder einem möglichen *Kampf der Kulturen* das

Wort zu reden. Ich gehöre zu denen, die Chinas Öffnung mit Interesse verfolgen und eine Aufnahme des Landes in die Weltgemeinschaft begrüßt haben. Dass wir seit dem Amtsantritt Xi Jinpings 2013 in China eine katastrophale ideologische Wendung erleben würden, die die bisherigen Erfolge des Landes zunichte und es zu einem Paria der internationalen Gemeinschaft macht, hätte ich nicht gedacht. Kampf der Kulturen ist kein schöner Begriff, er trifft meiner Meinung nach allerdings besser zu als Systemkonflikt oder Systemwettstreit. Systemkonflikt insinuiert, dass es sich dabei um einen institutionellen Konflikt handelt, der beendet werden kann, sobald die eine oder andere Schraube neu gestellt wird. Systemwettstreit legt nahe, dass zwei Gleichberechtigte miteinander wetteifern. Das ist nicht der Fall. Ein auf Unwahrheit und Betrug an den Feinden (die ja offiziell Freunde sind) basierendes System kann nicht gleichwertig sein mit einem regelbasierten, wahrhaftigen. Das Erste ist aus sich heraus schlecht, das Zweite kann missbraucht werden, ist aber seinem Wesen nach gut. Wenn jemand in China Xi Jinping kritisiert, landet er im Gefängnis. Wenn jemand in Deutschland unsere gewählten Abgeordneten kritisiert, dann ist das eben lebendige Demokratie und genauso vorgesehen. Kampf der Kulturen, obschon kein schöner Begriff, sagt am ehesten, dass wir es hier mit diametral entgegengesetzten Werten zu tun haben.

Wenn es um Werte und Ethik geht, haben wir die Möglichkeit, objektiv zu sprechen und nicht subjektiv. Der Zweck jeder legitimen Regierungsform ist es, allen Menschen, die ihr anvertraut sind, zu einem guten und gelingenden Leben zu verhelfen. Gute Politik muss das, wenn nicht immer für alle, dann doch, wie John Rawls sagt, für die größtmögliche Zahl an Menschen schaffen wollen. Wertegeleitetes Handeln, in der Politik, in unserem persönlichen Leben, orientiert sich an derselben Maßgabe: Damit ich überhaupt über Möglichkeiten und Grenzen meiner Freiheit nachdenken und sprechen kann, erkenne ich an, dass die Menschen um mich herum mit mir diese Anlage zur Freiheit teilen. Im Menschsein, im Mitmenschsein erscheinen ja erst die Möglichkeiten und die Grenzen der Freiheit. Die freiheitliche, demokratische Kultur anerkennt die menschliche Freiheit und weiß um ihre Grenzen. Die autokratische kümmert sich nicht darum, sie hintertreibt diese Freiheit aller sogar für das Wohl einer kleinen Elite, die sich, wie die Kommunistische Partei in China, zum Gebieter über das Leben aller aufgeschwungen hat. Autokratie ist deshalb schlecht und böse, Demokratie ist gut und richtig.

Ich habe bereits mehrfach den Begriff »demokratische Werte- oder Weltgemeinschaft« benutzt. Damit meine ich alle Staaten, Organisationen und Kräfte, die sich einem auf der Menschenwürde fußenden staatlichen Gemeinwesen verschreiben. Für diese Kräfte brauchen wir eine neue globale Institution, eine kosmopolitische *League of Democracies*, eine »Demokratische Liga«, wie sie der amerikanische Autor und Philosoph John J. Davenport vorschlägt. In dieser Liga wären auch das demokratische Lager Hongkongs und die politischen Kräfte Taiwans als Freunde und Partner willkommen. Ebenfalls mit offenen Armen sollen die demokratischen Kräfte, die in China, in Russland, in der Türkei, auf den Philippinen, in Brasilien und an allen anderen Orten der Welt, wo Unterdrückung herrscht, in der Demokratischen Liga aufgenommen werden.

Wir brauchen diese Institution, weil die Verfolgung von Menschen mit demokratischen Werten, Politiker, Journalisten, Menschenrechtsaktivisten oder Menschen wie Sie und ich, in der Welt zunimmt. Ähnlich wie religiöse Gruppierungen werden Demokraten heute überall auf der Welt verfolgt und umgebracht. Aus der Antike stammt der Satz, dass das Blut der Märtyrer der Same der Christenheit sei. Die von den römischen Cäsaren grauenvoll hingerichteten Christen seien durch ihr Beispiel zu einem solch nachhaltigen Vorbild geworden, dass sie zur Entstehung des Christentums geführt hätten. In diesem Sinne ist zu hoffen, dass das Opfer, das Demokratinnen und Demokraten überall auf der Welt bringen, auch uns dazu anspornt, die Demokratie zu lieben und weiter an ihr zu arbeiten. Die weiter oben erwähnte Umfrage, nach der viele Deutsche China mehr Vertrauen schenken als den USA, macht allerdings wenig Mut.

Die bestehenden Institutionen, die Vereinten Nationen und die Europäische Union, sind, die eine mehr, die andere weniger, bereits von den destruktiven, undemokratischen Kräften heimgesucht worden und daher nahezu paralysiert. Wenn Saudi-Arabien die Menschenrechtsbemühungen der UN koordiniert, weiß wirklich jeder, dass mit der UN keine neue Weltordnung gemacht wird. Sicher, es ist wichtig, zusammenzukommen und zu sprechen. Nur muss das Erwartungsmanagement stimmen. Lasst uns die UN behalten, es ist ein großartiger Erfolg, dass es sie gibt. Aber die Vereinten Nationen reichen nicht aus, um dem Guten, Freiheitlichen zum Sieg zu verhelfen. Selbst die Europäische Union ist von Menschen, die sie hassen, unterwandert: Die Akteure sitzen im Parlament. Polen und Ungarn, keine Demokratien mehr, sind immer noch Mitglieder und blockieren den Kontinent mit ihren autokratischen Anwandlungen. Diesen Ländern muss die Tür gewiesen werden. Wir können ja im Gespräch bleiben, nur Freunde sind wir nicht mehr. Autokraten, die sich unter dem Vorwand, das Christentum zu verteidigen, ihre Bevölkerung untertan machen, haben in der Wertegemeinschaft Europas selbst ihren Platz aufgegeben.

Ein Gedanke zur Freundschaft, die alle jene verbindet, die die freiheitliche Welt und das Leben in Freiheit lieben: Wer auf diese Weise, auf dem Wertfundament der Menschenrechte, sein Leben gestaltet, der betrachtet die Anderen als seine Freunde und nicht als seine Feinde. Die Anderen meint im »Wir gegen die«, das Autokraten pflegen, ja genau das Gegenteil: Sie sind eine dämonisierte Masse, die man verabscheut. Das Gegenteil von Freundschaft. Das mag letztlich der Grund sein, warum, wie ich bereits sagte, Autokraten untereinander keine Bündnisse von Dauer aufstellen können. Am Beispiel der USA unter Donald Trump sieht man, wie schnell gewachsenes Vertrauen verloren geht, wenn man nicht mehr als Freund angesehen wird. Es ist mir persönlich nicht vorstellbar, dass der Mensch Donald Trump Freunde hat, richtige Freunde: Menschen, die ihm ohne Furcht begegnen, die ihn sanft kritisieren und mit denen er sich gemeinsam an den schönen Dingen der Welt erfreut. Ich wünsche ihm solche Freunde, ich fürchte aber, dass er keinen einzigen hat. Unzählige Male hat er die Freunde der USA vor den Kopf gestoßen und wie ein Bully gehandelt.

Freundschaft ist der einzige Bereich unseres menschlichen Lebens, der nicht von Gesetzen gestaltet wird. Für alles andere gibt es sie: für das Geborenwerden und das Sterben, für das Heiraten und das Scheiden. Nicht aber für die Freundschaft. Entweder, weil die Kodizes einer Freundschaft, die Werte, die Menschen als Freunde verbinden, auf der Hand liegen oder weil es zu kompliziert wäre, diese Werte juristisch zu fassen. Da es den Rechtsgelehrten gelungen ist, unsere Wirklichkeit umfassend juristisch zu umschreiben, gehe ich davon aus, dass mein erster Gedanke richtig ist: Die Werte einer Freundschaft – Ehrlichkeit, Verlässlichkeit, Vertrauen – sind darauf ausgelegt, für die Dauer des Lebens ein Band zu knüpfen. Freundschaft bedeutet, gemeinsam den Lebensweg zu gehen. Die internationale Ordnung, die nach 1945 errichtet wurde, sollte eine solche Ordnung sein. Nichts verdichtet den Geist jener Epoche so sehr wie das Foto *Erdaufgang*, das der NASA-Astronaut William Anders 1968 bei der vierten Umrundung des Mondes aus *Apollo 8* gemacht hat. Erwartungsgemäß sieht man aus dem All weder Länder- noch Sprach-, noch Religionsgrenzen. Der *Erdaufgang – Earthrise –* hat mit dem Geist der Freundschaft, der von ihm ausging, die Friedens- und die Umweltbewegung inspiriert.

Anders als von Francis Fukuyama vorausgesagt, ist die Welt heute wieder in zwei Hemisphären geteilt, die demokratische und die nichtdemokratische. Etliche der nichtdemokratischen Länder eint dabei, dass sie sich in der einen oder anderen Weise als Opfer des Westens sehen und diese Opferrolle zu einem Teil ihrer autokratischen Politik machen. Präsident Xi spricht vom »Jahrhundert der Erniedrigung«, in dem China sich der imperialen europäischen Mächte erwehren musste. Die USA standen in dieser Periode (1839–1949) übrigens an der

Seite Chinas und nahmen gegenüber dem Land eine andere Haltung ein als die europäischen Besatzer.

Xi Jinping denkt immer noch in den Machtkategorien des 19. Jahrhunderts. Deswegen hat es für ihn oberste Priorität, den Menschen in China nationalen Ruhm und Glorie zu versprechen. Die Rückkehr des Nationalismus, der die Han-Ethnie bevorzugt, mag an den Rassenwahn und die nationalistische Überhebung erinnern, die Europa im 20. Jahrhundert zwei Mal verheert haben. Genauso gehört das Annektieren von Land zu den Machtmitteln des imperialistischen Zeitalters. Nur so lässt sich Xis Fixierung auf einen militärischen Überfall auf Taiwan erklären.

Hier lag Huntington nicht falsch: Die Konflikte der Gegenwart sind Konflikte, die sich entlang der Frontlinien der Vergangenheit, entlang von Nation, Sprache, Religion, entzünden. Sie sind retrospektiv und berühren nicht wirklich die existenziellen Fragen, die die Zukunft der Menschheit betreffen. Die freiheitliche Weltordnung hat zum ersten Mal den Traum der Menschheit in greifbare Nähe gerückt, gemeinsam als Menschheitsfamilie unser Geschick, unsere Zukunft zu planen. Das geht nur, wenn man selbstbewusst nach vorne blickt und aus den Quellen des Vergangenen schöpft, nicht nur aus den eigenen, sondern auch aus denen der Freunde. Präsident Xi wiederum baut Chinas Narrativ aus der Vergangenheit aus Konfuzianismus, Kaiserzeit und den Jahrzehnten der kommunistischen Herrschaft auf. Neben dieser synthetisierten Erzählung wird keine andere geduldet, weswegen die Hongkonger in der Schule sogenannten Vaterlandsunterricht besuchen sollen und es den Menschen in China verboten ist, über das Massaker auf dem

Tian'anmen-Platz oder über das Unrecht, das den Tibetern angetan wird, Bescheid zu wissen. Wer so agiert, wird zum Imperialisten mit dem Ziel, Kolonialherr über andere zu sein.

Darauf hinzuweisen ist elementar, denn in Gesprächen über China wird häufig die Alltagsweisheit platziert, das Reich der Mitte sei nie expansionistisch gewesen. Daraus wird gefolgert, dass das heutige China, der Nachfahre dieses Reiches, auch nicht an Expansion denke. Peking mag das mit den Lippen bekennen, seine Handlungen aber weisen in die entgegengesetzte Richtung. Das Ziel Chinas ist es, zu einem globalen Hegemon zu werden, und zwar nicht zu einem der wohlwollenden Sorte, sondern zu einem aggressiven, gewalttätigen.

Die jüngsten Entwicklungen in Hongkong zeigen, dass jede Befürchtung in diese Richtung richtig und angemessen ist. Pekings Ankündigung von Mitte Mai 2020, in der Volkskammer ein Sicherheitsgesetz zu verabschieden, ist der Todesstoß für Hongkong. Peking umgeht damit den Gesetzgeber in der autonomen Stadt, da zu befürchten steht, dass bei der Wahl im September das Lager der Demokraten haushoch gewinnen wird. Peking hat Angst – Xi Jinping hat Angst –, dass die ehemalige Kolonie den Weg der Demokratie entschieden weitergehen will. Künftig wird es in Hongkong strafbar sein, über Demokratie zu sprechen, sollte man es dennoch tun, wird es als Separatismus ausgelegt werden. Gegen dieses Gesetz wird es massive Demonstrationen geben, aber die Volksrepublik hat sich in ihrem Handeln gegenüber Hongkong seit 1997 nicht von den Interessen der dortigen Menschen, sondern nur von ihrem eigenen Machthunger leiten lassen.

Es ist nun an der freien Welt, hier gemeinsam und freundschaftlich zu agieren. Zuallererst muss klar herausgestellt werden, dass »Ein Land, zwei Systeme« keine Zukunft hat, zu Grabe getragen von der Volksrepublik. Großbritannien und die USA verlangen zu Recht Sanktionen wegen des Vertragsbruchs. Die demokratischen Freunde sollten die Forderung der beiden mittragen. Des Weiteren ist auch die »Ein China«-Politik obsolet, denn das Zugeständnis der Weltgemeinschaft von 1992, beiden, China und Taiwan, das Recht zu geben, sich als China zu sehen, wurde von der Volksrepublik inzwischen zerstört: Taiwan soll mundtot gemacht und aus der Weltgemeinschaft verbannt werden. Ob die Weltgesundheitsorganisation Taiwan während der Covid-19-Pandemie auf Betreiben Chinas noch weiter ins Abseits gestellt hat, wird sich zeigen. »Ein China« sollte nie bedeuten, dass die Welt vor der KP und Xi Jinping im Staub kriecht, sondern dass beide Akteure, Taiwan und die Volksrepublik, an ihrer jeweiligen Identität festhalten können. Gegen die Zerstörung von Hongkong kann die Welt nichts tun. Die Stadt ist verloren, ihre Bewohner sind es nicht. Möglichst viele von ihnen, gut ausgebildete, freiheitlich-freundschaftliche Menschen, können in anderen, freien Teilen Asiens oder in Europa und den USA heimisch werden. In Hongkong haben sie leider keine Zukunft. Taiwan hingegen ist nicht verloren. Das eigenständige Land braucht die Unterstützung der Welt mehr denn je. Ja, das kann die volle diplomatische Anerkennung bedeuten, denn sie wird möglich, wenn man bereit ist, zuzustimmen, dass der »Ein China«-Ansatz von Seiten der Volksrepublik torpediert und zerstört wurde. Diese diplomatische Anerkennung würde sehr viel Mut verlangen von der demokratischen Weltgemeinschaft, aber er wäre das beste Signal an China, dass es seine expansiven Bestrebungen ein für alle Mal aufzugeben hat.

Hongkong zeigt der Welt, dass die Strahlkraft einer freundschaftlichen, demokratischen Freiheitsordnung nicht verblasst ist, im Gegenteil. Das muss denjenigen in der freien Welt, die demokratieverdrossen sind, zu denken geben. Und es offenbart gleichzeitig, dass auch die Demokratie ihre Erneuerungen braucht, um nicht wie eine Erscheinung aus dem 20. Jahrhundert irgendwann in den Geschichtsbüchern zu landen. Denn das ist heute die Verantwortung der demokratischen Nationen: Was an unserem System fehlerhaft oder veraltet ist, muss dringend verbessert und modernisiert werden.

Nahezu alle westlichen Demokratien sind in den vergangenen 30 Jahren in eine Schieflage geraten und haben die Balance zwischen bürgerlichen und sozialen Rechten verloren. Durch die zunehmende Automatisierung und Digitalisierung ist die Produktivität in den Gesellschaften gestiegen. Bei vielen Menschen hat sich der gesteigerte Wohlstand allerdings nicht in höheren Lohnzahlungen niedergeschlagen. Aber wenn Haushaltseinkommen stagnieren oder gar sinken, dann werden die Hürden der Teilhabe für die Menschen in einer Demokratie automatisch höher. Dieses Phänomen ist in den USA am stärksten ausgeprägt, aber auch Länder wie Deutschland haben jetzt Handlungsbedarf, um den Erfolg von 75 Jahren Demokratie nicht zu verspielen.

Durch den digitalen Wandel haben sich zudem die Möglichkeiten der Partizipation und der Repräsentation stark gewandelt. Es ist vielen Menschen nicht mehr verständlich, warum sie nur einmal alle vier Jahre zur

Wahlurne gerufen werden, um dann bis zum nächsten Mal in der Unsichtbarkeit zu verschwinden. Letztlich hat Big Data, die Algorithmisierung unserer Ökonomie dazu geführt, dass wir unsere rechtsstaatlichen Prinzipien im Licht dieser neuen Möglichkeiten schärfen. Gerade hier zeigt sich der Wertekonflikt mit China, und wieder ist Hongkong Austragungsort dieses Konflikts. Die Volksrepublik hat sich darangemacht, die neuen Technologien zur vollkommenen Ausleuchtung und Überwachung seiner Untertanen auszubeuten. Der technologische Vorteil soll ganz zugunsten des Regimes genutzt werden. Wer ein digitales Unternehmen in China groß machen möchte, der muss sich verpflichten, Daten mit der Regierung zu teilen. Wer, wie Apple in Hongkong, eine App anbietet, die, nach freiheitlich-freundschaftlicher Denkweise, den Bürgerinnen und Bürgern dienen und sie zum zivilgesellschaftlichen Engagement ermächtigen soll, provoziert Peking aufs Äußerste. In der Folge droht China Unternehmen damit, sie vom chinesischen Markt zu verbannen.

Autokraten wie Xi Jinping ist es gelungen, die Diskussion in der demokratischen Welt darauf zu fokussieren, dass mit einer rigorosen staatlichen Lenkung bessere Ergebnisse, ja Good Governance, erzielt werden können. Gerade im effizienzverliebten Deutschland hört man häufig Bewunderungsgesänge: Wenn die KP am Morgen etwas will, dann wird es bis zum Abend umgesetzt. Damit meinen die Freunde Chinas umweltfreundliche Technologien, am liebsten natürlich solche, die sie aus Deutschland nach China verkaufen. Leider wird in China am Abend auch ein Arbeitslager errichtet sein, wenn Xi das am Morgen für richtig hält. Gerade die Bundesrepublik muss sich sehr zurückhalten, Geschäfte zu machen mit einem Land, das Minderheiten interniert. Es ist erschütternd, dass die Volksrepublik VW dazu bringen konnte, ausgerechnet in Xinjiang, in der Provinz der Arbeitslager, ein Werk zu bauen.

Good Governance wird in China technokratisch begriffen: Wenn die Muslime kontrolliert werden sollen, dann müssen wir Lager errichten. Wenn die Lager funktionieren, kommt das Good Governance gleich. Das hat nichts mit wertegeleiteter, demokratischer Politik zu tun. Die beiden Ansätze, der demokratische und der autokratische, sind schlichtweg nicht miteinander vergleichbar. Es ist eine der größten Leistungen der Autokraten, dass wir ihr Handeln wirklich allen Ernstes mit dem von demokratisch gewählten Politikern vergleichen und ihre überwachten Gesellschaften mit unseren freien Nationen.

Good Governance muss immer wertegeleitet sein. Können Nichtdemokratien Good Governance abliefern? Nur dann, wenn »gut« mit technokratisch übersetzt wird. Autokratien können keine wertegeleitete gute Regierungsarbeit leisten. Das hat die Coronakrise gezeigt: China hätte sich an dem weltweiten Kampf gegen die Pandemie beteiligen können. Das Land hat es aber vorgezogen, nicht rechtzeitig über das wahre Ausmaß der Katastrophe zu informieren, und später jede Anstrengung der Weltgemeinschaft abgelehnt, unabhängige Wissenschaftler die Entstehung der Krankheit in China erforschen zu lassen. Auch wenn die freie und die autokratische Welt keine Freunde sind, so könnten sie sich doch auf einen technokratischen Weg verständigen und wenigstens in dieser einen Sache zusammenarbeiten. Dass die Volksrepublik das nicht möchte, zeigt wieder einmal, dass das Gerede der Autokraten von Good Governance leer ist. Auch hier ist das freiheitlich-freundschaftliche Modell stärker und besser: Wir sind sehr wohl in der Lage, auch mit denen zu kooperieren, die nicht unsere Freunde sind. Wir sehen das Band, das die Menschheitsfamilie miteinander verknüpft, das Band, von dem Cicero gesprochen hat. Dort, wo die Maxime »Wir gegen die« gilt, wird der Andere Schritt für Schritt seiner Menschlichkeit beraubt.

Wir dürfen nie die Hoffnung aufgeben, dass die Volksrepublik in einer Zeit nach Xi Jinping wieder zurückfindet in die internationale Wertegemeinschaft. Sollte es den Kräften in China, die gegen Xis Kurs ankämpfen, gelingen, ihn von einer dritten Amtszeit abzuhalten, könnte sich das Verhältnis zur freien Welt Schritt für Schritt normalisieren. Im Moment sind die Aktivisten, seien sie im Parteiapparat verborgen oder in der Zivilgesellschaft tätig, auf sich allein gestellt und stets in Gefahr, entdeckt und verhaftet zu werden. Sie sind unsere Freunde, wir müssen sie in dieser harten Zeit stärken.

Das Zusammenstehen der demokratischen Kräfte mag den Untergang Hongkongs nicht verhindern. Aber unsere emphatische Solidarität mit den Menschen dort wird die Strahlkraft der freiheitlichen Ordnung stärken. Der Attraktivität einer emphatischen Werteordnung will sich auf Dauer niemand verweigern.

Im Januar 2019 habe ich den taiwanesischen Außenminister Joseph Wu besucht und ihn gefragt, wie er sich das Verhältnis seines Landes zur Volksrepublik in Zukunft vorstellt. Kommt es denn zu so etwas wie einer Wiedervereinigung der beiden Staaten, und wenn ja, wann? Immerhin ist die Zusammenführung in der taiwanesischen Verfassung als ein Ziel festgehalten. »Wenn China eine Demokratie ist«, sagte Wu. Ich stutzte, denn wir haben in Europa längst aus dem Blick verloren, wie attraktiv die freiheitlich-demokratische Idee ist und wie stark der Wunsch nach Anerkennung der Menschenwürde überall auf der Welt. Wir müssen uns vergegenwärtigen, wie sehr Millionen von Menschen wieder und immer noch hoffen, einmal zu Bürgern zu werden und nicht dazu verdammt zu sein, ihr Dasein als Untertanen zu fristen, auch in China.

Aus Hongkong ergeht nun der Ruf in die Welt: Kämpft für die Freiheit, kämpft für die Demokratie!